もえプロ♡スペシャル

中邑真輔

SHINSUKE NAKAMURA

PARCO出版

はじめに

「一冊丸ごとが中邑《なかむら》真輔《しんすけ》！　これは、女性にとっては深く突き刺さるに違いない！　いよいよ、もえプロ♡が勝負をかけてきたということか!?」

……って感じで実況しましたが、「もえプロ♡スペシャル」シリーズ第2弾は今、最高にノッてるプロレスラー中邑真輔です。

　彼は観客の心を操る不思議な力を持っていて、世界中どこの会場に行ってもファンを熱狂させています。

　しなやかに体を反らせる動き、得意技を狙っているのにジラすさま、試合後のマイクパフォーマンス……どれもが理屈抜きにカッコ良くて、

軽い気持ちでプロレス観戦に行ってみたら、中邑真輔に一瞬で心を奪われてしまったという女性が後を絶ちません。

この本は中邑真輔のことをもっともっと知りたい人のために、歴史はもちろん、プライベート情報、写真や絵などをギュッと詰め込みました。ビギナーの女性のみならず、マニアックな男性にも自信を持ってオススメできる入門書です！

「さあ、ページをめくれば始まります！『もえプロ♡スペシャル中邑真輔』のゴングが鳴ったー‼」

清野茂樹

中邑真輔、忍者になる

小学生の頃は風呂敷で忍者ごっこばかりやっていたという中邑真輔。憧れの忍術着を身に纏《まと》い、霧が立ちこめる山中へ。これぞ変身の術！　忍者になった中邑真輔を妄撮しちゃいました！

脱力こそが最大の力を発揮する！

闘いにおいては
対応力と柔軟性が必要です

心の変化が
身体にあらわれるんです

忍者の動きは
武術として理にかなっていて、
身体操作についても
古武術の延長にありますね

忍者って涼しげに闘う
スタイリッシュな姿がいいんです

忍術体験レポート

プロレスラー中邑真輔がしのびの道に。
忍者に弟子入りして様々な忍術を経験しましたが、
果たしてプロレスの試合の中ではどう活かされるのでしょうか？

撮影協力／野人流忍術「野忍」

さっそく忍者装束に着替えて礼法や手裏剣など忍具について説明を受けます。

自然あふれるあきる野市養沢の「野忍庵」でまずは精神統一。

吹き矢、カマや手裏剣の投げ方、剣術を体験しました。

OFF SHOT!!

1 みんなで記念撮影　2 忍者の雨笠でポージング
3 草刈忍者!?　4 忍者ナカムラくん参上!?
5 撮影で移動中のリラックスした表情

もえプロ♡スペシャル

中邑真輔

Contents

中邑真輔はなぜ女性人気が高いのか？

ココ萌え！もえプロ♥女子部アンケート

スラリと伸びた長い手足。
抜群のプロポーション。

実は
童顔なところ。

相手の技を食らって
のたうち回る姿。
ただやられるだけでない、
ドラマティックなしぐさや叫びに
燃えて萌えます！

リングインして
ゴングが鳴るまでの
時間に見せる表情。
黒いマウスピースが
見えると思わず
顔がほころびます。

試合後、インタビューでの
荒い息づかい。
呼吸は荒々しいのに
発言はオシャレで
ギャップ萌え。

独特の
感性と
オーラ！

入場シーンが、
格好良すぎです。
ファンには、
たまらない動き、歩きで、
魅せる入場が良い。
萌えますね。

今、女性から絶大な人気を誇る中邑真輔。
そこで、もえプロ♡女子部では
「いったいどの部分に萌えるのか?」について
アンケート調査を実施してみました。
女性ファンから届いた声をまとめてご紹介!

軟体なところ。
突然不意を突く
動きや攻撃を
するので、
それに萌えます。

個性的
ですが、
不思議と格好良いのが
魅力。

男らしいのに
笑うと無邪気で
どこか可愛げで
その素敵なギャップに
萌えます。

たぎるぜ!
女の子でも
わりとふつうに
できちゃうコス

サーフィンを
やっているところ……
プロレスとの
そのギャップ感!

リングでは
めちゃくちゃ強いのに、
やんちゃな少年のような
笑顔を見せるところ。
さらに**繊細で芸術家**な
一面もあって、そのギャップに
萌え萌えです。

絶対に
ぶれないところ。
オレはオレ、
みたいな感じ。

たまに見せる
不敵な笑み。
口を押さえてるのが
めちゃ萌え〜!!

リングから下りて、
イベントや
インタビューのときに
見せる笑顔に
ギャップ萌えします!

ココがすごい！
”プロレス界のデキるセクスィー部長”

中邑真輔 大解剖

SHINSUKE NAKAMURA

　スラリとした長い手足と小さな顔、スタイルも抜群。中邑真輔選手は何をやっても「絵」になるプロレス界のスターです。

　仕草がとってもセクスィーで、指先の動きだけで女性をうっとりさせてしまう不思議な力を持っています。

　プロレスラーの中でもとりわけ体が軟らかいので、どんな技をやってもキレイに見えます。大きな体なのにリングの上を軽々と飛び回る運動神経の持ち主です。

　マイクパフォーマンスも得意で、「イヤァオ！」と叫ぶのがお決まり。マイクを持ったらどんなことを言うのか、聞き逃せません。

　プロレスの世界では「スーパールーキー」と言われるほど早くから頭角を現し、最も歴史と権威のあるチャンピオンベルト「IWGP」を史上最年少23歳9か月で手に入れた記録を持っています。

　しかし、中邑選手がスゴいのは、「インターコンチネンタル」という新しいタイトルのチャンピオンになってから名勝負をとことん連発して、「インターコンチネンタル」のベルトの価値を「IWGP」と並ぶ位置まで引き上げたことです。これって、普通の会社で言えば、新しい部署の責任者を任され、業績を一気に上げたデキるビジネスマンのようなもの。未だかつて、これほどに新しい価値観を作り上げたプロレスラーは、ほかにいません！

中邑真輔を生で見るにはまずここに注目!!

STEP 1 入場

とにかく、中邑選手の入場は見逃せません！入場テーマ曲が鳴ってリングに向かうまでの間、手を動かして観客を煽《あお》る仕草はあまりにかっこいいのです。これぞ、トップスターの入場!!

STEP 2 キメポーズ

プロレスではリング上でリングアナウンサーが選手ひとりひとりの名前を呼んで紹介する「コール」があります。コールされるときに見せる中邑選手のキメポーズはカメラのシャッターを押さずにいられないはず。

STEP 3 試合

試合中、技を仕掛ける瞬間はもちろん、技を受ける様子やタッグマッチでコーナーに控えているときも要チェック！　中邑選手は細かな表情はもちろん、背中でも何かを発する一流のプロレスラーなのです。

STEP 4 試合後

試合後は相手とにらみ合ったり、タッグパートナーを労《ねぎら》ったりすることが多いのですが、マイクを持って何か喋《しゃべ》ることがあります（これをマイクパフォーマンスと言います）。静かに聞くのがマナー！

STEP 5 バックステージ

試合が終われば報道陣のいるコメントブースでコメントすることに（ノーコメントのこともあり）。公式＆携帯サイトで試合後に中邑選手がどんなことを喋ったかまでチェックするようになったらもはや立派な上級者！

SHINSUKE'S Moe♥Point

【 目 】

視力は両目とも裸眼で0.2。

【 マウスピース 】

衝撃を吸収するためにマウスピースを着用。現在は黒を着けてコーディネートしています。

【 リストバンド 】【 腕章 】

リングコスチュームのアクセサリー。腕章は左の上腕部に、リストバンドは両手首に着けます。

【 ロングタイツ 】

黒もしくは赤のロングタイツを着用しています。どちらの色を穿《は》くかはその日の気分とローテーションで決めるのだとか。

DATA

生年月日	1980年2月24日
血液型	A型
出身地	京都府
身長	188cm
体重	104kg

【 髪 】

両サイドを刈り上げて真ん中だけ残したモヒカンスタイルです。

【 ヒゲ 】

デビュー直後から伸ばしているトレードマーク。

【 手 】

ポーズを決めるのにカギとなるのが手。入場するときから派手に動かすので見逃さないように!!

【 ヒザ 】

必殺技の「ボマイェ」をはじめ試合で使われる最大の武器。ボマイェは基本的には左ヒザを使って放ちます。

【 レガース 】

スネ当てのこと。キックしたときに自分のスネを痛めないような効果があります。

【 身体 】

背が高く、手足がスラリ。体の力を抜いて「0」の状態にしておくことで最大限の力が発揮できるそうです。

❶七五三のときの写真。プロレスを教えてくれた祖母に抱かれる ❷小学2年生の運動会 ❸中学時代に陸上自衛隊福知山駐屯地にて ❹高校ではレスリングでインターハイに出場 ❺大学1年でレスリング全日本ジュニア選手権優勝 ❻丸坊主姿での入団会見。後藤洋央紀や田口隆祐の姿も

HISTORY OF SHINSUKE NAKAMURA

〝キング・オブ・ストロングスタイル〟中邑真輔はいかにしてできたのか、その経緯をたどる！

デビュー前

1980年2月24日 京都府峰山町（現・京丹後市）で生まれる。姉2人の末っ子。プロレスとの出合いは祖母の影響で幼稚園に入る前だった❶

1986年4月 峰山町立峰山小学校に入学。低学年の頃に柔道教室に通うもすぐに挫折してしまう❷

1992年4月 峰山町立峰山中学校に入学。バスケ部で活躍し、週に1回、近所の空手道場にも通う。プロレスに最ものめり込んだ時期であり、3年のときには豊岡市立総合体育館で新日本プロレスを初観戦❸

1995年4月 京都府立峰山高校に入学。プロレスラーになる準備としてレスリング部に入部。修学旅行で東京に行った際はプロレスショップに直行する。また、当時から美術は得意科目であった❹

1998年4月 青山学院大学経営学部経営学科に入学。レスリング部ではキャプテンも務め、全日本選手権4位、インカレ3位の成績を残す。美術部やファッションショーサークルにも在籍。卒論はプロレスを題材に書く❺

2001年9月 新日本プロレスの入門テストを受験し、合格する

2002年3月20日 大学を卒業して新日本プロレスに入門。練習生として合宿所に入る。もちろん坊主頭に

3月28日 新日本プロレス事務所にて入団会見。同期は後藤洋央紀《ごとうひろおき》、田口隆祐《たぐちりゅうすけ》、山本尚史《やまもとなおふみ》、長尾浩志《ながおひろし》、森角祐介《もりかくゆうすけ》だった❻

7 日本武道館でのデビュー戦は第7試合に組まれた　8 LA道場では様々な選手と交流が生まれる　9 プロ3試合目では流血しながらも初勝利を掴んだ　10 試合中にプロとして開眼したという初のタイトルマッチ　11 史上最年少でIWGP王者となったことは大ニュースとなった

スーパールーキー時代

2002年 8月 29日
日本武道館という大舞台でデビューし、「スーパールーキー」といわれる。スパッツとレスリングシューズを履いて試合をするのも新人では異例であった 7

9月
アメリカの新日本プロレスLA道場へ単身修行に出発 8

12月 31日
デビュー2試合目にして、いきなり総合格闘技に挑戦。敗れたものの、スーパールーキーとしての評価をさらに上げる

2003年 1月 4日
プロ3試合目にして東京ドームで試合を経験。初勝利を挙げる 9

2月 1日
プロ6試合目で早くもメインイベントに出場

6月 13日
初めてのタイトルマッチ。髙山善廣《たかやまよしひろ》の持つNWF王座に挑戦するも敗れる 10

8月 10日
「G1 CLIMAX」初出場をきっかけにロングタイツを着用するようになる

28日
デビュー1周年を記念して白のロングタイツを着用。披露は今に至るまでこの一度きり

9月 13日
アントニオ猪木と一緒にブラジルの総合格闘技大会「ジャングルファイト」に出場して勝利する

12月 9日
天山広吉《てんざんひろよし》の持つIWGP王座に初挑戦で勝利。史上最年少23歳9か月で戴冠する 11

15日
プロレス大賞選考会で新人賞に選ばれる

31日
現役のIWGP王者として初めて総合格闘技の大会に出場。K-1ファイターのアレクセイ・イグナショフと対戦し、顔面骨折の大ケガを負う（裁定は無効試合）

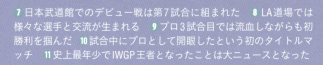

⑫昭和プロレスの象徴NWF王座を自らの手で封印 ⑬新闘魂三銃士のタッグは一度きりであった ⑭アントニオ猪木の一声によって、ファン投票で決定した棚橋弘至戦はキャンセルされる。試合後にはプロレスを辞めようかと落ち込んだ ⑮当時28歳の棚橋弘至と24歳の中邑真輔のタッグはファンに希望を与えた

新闘魂三銃士時代

2004年

1月4日 顔面骨折しながら初めて東京ドームのシングルマッチでメインイベントに強行出場。高山善廣を下してＮＷＦとＩＷＧＰの両王座を統一するも、ＮＷＦ王座を封印する⑫

3月28日 顔面骨折のケガから復帰。「いちばんスゲエのはプロレスなんだよ!!」のマイクパフォーマンスが飛び出す

5月3日 東京ドームでメインイベントを務める。この日の試合より入場テーマ曲に「Sub conscious」を使用し始める

22日 総合格闘技の大会に再び出場。アレクセイ・イグナショフと再戦してきっちり勝利

7月4日 同期の田口隆祐、山本尚史、長尾浩志と若手によるグループ「野毛決起軍」が始動。同期とのタッグ結成が増える

9月19日 アントニオ猪木と一緒に北朝鮮で行われた「国際武道大会」に出場

10月1日 棚《たな》橋《はし》弘《ひろ》至《し》、柴《しば》田《た》勝《かつ》頼《より》の「新闘魂三銃士」でタッグチーム結成。3人でのトリオ結成はこの一度きり⑬

11月13日 大阪ドームでの試合後、アントニオ猪木にリング上で「怒りを見せろ」と鉄拳を喰らう⑭

16日 新日本プロレスのパラオ遠征に参加。獣神サンダー・ライガーとの初対決で勝利

12月11日 棚橋弘至とのチームでＩＷＧＰタッグ王座を獲得する⑮

⑯先輩である棚橋弘至との初対決は東京ドームのメインイベントで実現した　⑰アメリカで10kg以上増量し、イメージチェンジを果たす　⑱若い選手たちで結成したRISEは女性人気も高く、ファンと行く温泉ツアーが企画されたこともあった

2005年1月4日 東京ドームのメインイベントで棚橋弘至と初対決。勝利してU-30王座を獲得するも、チャンピオンベルトを封印する⑯

6月2日 新日本プロレスのイタリア遠征に参加。海外でプロレスを初経験する

8月29日 棚橋弘至とともにメキシコに遠征

10月30日 棚橋弘至と保持していたIWGPタッグ王座から陥落し、タッグチームを解消する

2006年1月4日 東京ドームのメインイベントでIWGP王座に挑戦するも敗北

3月 肉体改造のため無期限の単独アメリカ遠征に出発

BLACK時代

9月24日 約10kgウェイトアップして帰国。蝶《ちょう》野《の》正《まさ》洋《ひろ》率いる反体制派軍団「BLACK NEW JAPAN」に加入。コスチュームをショートタイツに戻す

11月6日 蝶野正洋とのコンビで「G1 TAG LEAGUE」初優勝⑰

2007年8月12日 「G1 CLIMAX」準決勝の試合中に肩を脱臼し、全治3か月と診断される

11月11日 ケガから復帰

RISE時代

11月16日 後藤洋央紀、ミラノコレクションA.T.、稔《みのる》、プリンス・デヴィットらと新ユニット「RISE」を結成。リーダーとなる⑱

2008年1月4日 棚橋弘至を破って2度目のIWGP王座獲得

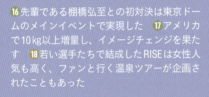

⑲2本のIWGPベルトを統一するという大偉業を達成　⑳故・山本小鉄さんから新しいベルトを受け取る　㉑ロジャー・ミカサ氏とのコラボからは幾多の作品が生まれた　㉒かつての師アントニオ猪木への対戦要求はまさに爆弾発言　㉓プロレスと格闘技のリングも自在に行き来する

RISE時代

2008年

- 1月22日　タイガーマスクと一緒にアメリカに遠征
- 1月31日　サムライTVが主催する「P-1選手権第1回プロレスクイズ王選手権」に新日本プロレスチームの一員として出場し、マニアックぶりを発揮して見事優勝
- 2月17日　カート・アングルを破って2本のIWGPチャンピオンベルトを統一する⑲
- 3月2日　王座統一を機にこれまで使用していたIWGPベルトを返還する
- 3月9日　新しいIWGPベルトを授与される⑳
- 4月1日　香港へカンフー修行。少林寺拳法の道場で特訓する
- 8月26日　棚橋弘至と一夜限りのタッグを再結成
- 12月12日　画家ロジャー・ミカサ氏とコラボレートした現代美術展「TOKYO WRESTLING ARTS」を開催㉑

2009年

- 4月23日　矢野通《やのとおる》と結託し、飯塚《いいづか》高史《たかし》、石井《いしい》智宏《ともひろ》、邪道《じゃどう》、外道《げどう》らも交えて新ユニット「CHAOS」を結成する
- 8月7日　ヒザ蹴りに「ボマイェ」と命名。以後、必殺技となる
- 8月21日　母校の峰山小学校で黒板アート「みんなのパンチ」第1回を開催
- 9月27日　IWGP王座決定戦を制して、3度目の王座獲得。試合後にマイクでアントニオ猪木の名前を出して物議を醸す㉒

2010年

- 1月4日　東京ドームのメインイベントで高山善廣を破ってIWGP王座防衛
- 2月28日　K-1ファイターとエキシビションマッチで対戦。グローブを着けて闘う㉓

㉔31歳でG1初優勝を達成　㉕オカダ・カズチカとのCHAOS最強コンビ。公開記者会見で2人並んだときのカッコ良さは伝説と呼ばれる　㉖インターコンチネンタルのベルトデザインを一新　㉗東京ドームで5年ぶりに実現した棚橋弘至戦

CHAOS時代

- 5月18日　古傷である肩の治療のため1か月欠場
- 6月19日　ケガから復帰
- 2011年5月13日　新日本プロレスのアメリカ遠征に参加
- 5月28日　2度目のメキシコ遠征に単独で出発。ヘアスタイルをモヒカンにする
- 5月30日　「文化人・芸能人の多才な美術展」に出展
- 8月14日　「G1 CLIMAX」で初優勝㉔
- 2012年5月20日　「文化人・芸能人の多才な美術展」に2度目の出展
- 7月1日　新日本プロレス&全日本プロレス創立40周年記念大会に出場。オカダ・カズチカとのタッグで他団体の選手と対戦して勝利を収める㉕
- 7月22日　後藤洋央紀を破ってIWGPインターコンチネンタル王座を獲得
- 8月26日　アメリカでの防衛戦でインターコンチネンタル王座のチャンピオンベルトのデザインを新調する
- 2013年5月11日　3度目のメキシコ遠征。初めてボディペインティングを披露し、赤のロングタイツも併用し始める
- 7月20日　ラ・ソンブラを破って2度目のIWGPインターコンチネンタル王者となる㉖
- 12月9日　「プロレス大賞」選考会で飯伏《いぶし》幸太《こうた》との試合が年間最高試合賞に選ばれる
- 2014年1月4日　ファン投票により東京ドームで4年ぶりのメインイベントを務める㉗

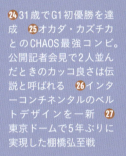

㉘2014年は棚橋弘至と4度対戦し、1勝2敗1分 ㉙オカダ・カズチカに敗れてG1優勝は逃すも、最後に入場して西武ドームの観客の目を釘付けにした ㉚インターコンチネンタル王座は中邑真輔の代名詞となる ㉛㉜㉝アメリカでは熱狂的な歓声に迎えられた ㉞アジア圏においても人気は絶大

2014年

- **3月23日** 「NEW JAPAN CUP」初優勝。試合後、IWGPではなく、インターコンチネンタル王座挑戦を表明して周囲を驚かせる
- **3月28日** 単身でオーストラリアへ遠征
- **4月6日** 棚橋弘至を破って3度目のIWGPインターコンチネンタル王者となる㉘
- **5月17日** 新日本プロレスの北米遠征に参加。現地ファンの人気が上昇の兆しを見せる
- **6月11日** Journal StandardとコラボレートしたTシャツをデザイン
- **6月15日** 単身でイギリスへ初遠征
- **8月10日** 「G1 CLIMAX」の優勝決定戦でオカダ・カズチカと同門対決が実現。試合に敗れて優勝を逃す㉙
- **9月21日** バッドラック・ファレを破って4度目のIWGPインターコンチネンタル王者となる㉚
- **12月8日** 「プロレス大賞」でオカダ・カズチカとの試合が年間最高試合賞に選ばれる

2015年

- **5月9日** 新日本プロレスの北米遠征に参加。誰よりも大きな歓声を浴びる㉛㉜㉝
- **6月14日** 石井智宏とイギリスへ2度目の遠征
- **6月20日** 新日本プロレスのシンガポール遠征に参加。またしてもナンバーワンの人気を誇る㉞

中邑真輔を知るうえで欠かせない基礎用語

レスリング
Wrestling

プロレスの元になった格闘技。投げ技など共通する動きもあるため、レスリングを経験してからプロレスに入る選手が多い。中邑選手もプロレスに入る前の実績作りとして高校時代にレスリング部に入部しており、当時は柴田勝頼選手と対戦している。

総合格闘技
Mixed Martial Arts

プロレスと見た目は似ているけど、ルールはまったく違う競技。グローブを着けてできるだけ早く相手を倒すことを競い合う。中邑選手はデビュー2戦目で挑戦した。

LA道場
L.A. Dojo

LAとはロサンゼルスの頭文字で、2002年当時ロサンゼルスに住んでいたアントニオ猪木さんが作った練習場。中邑選手も一時期ここで練習し、猪木さんから直接指導を受けた。現在は閉鎖されている。

新闘魂三銃士
Shin-Toukonsanjyushi

2004年当時、将来有望だった中邑真輔選手、棚橋弘至選手、柴田勝頼選手の3人をまとめて名付けられた名称。でも、本人たちは不満だったのですぐに解消された。3人でタッグチームが結成されたのはこの一度しかない。

IWGP
International Wrestling Grand-Prix

アントニオ猪木さんが作った世界一を意味するタイトルで、新日本プロレスの中で最も歴史のあるチャンピオンベルト。すべてのプロレスラーが目標としているなか、中邑選手は23歳9か月の若さで獲得し、大きな話題となった。

G1 CLIMAX
ジーワンクライマックス

新日本プロレスで1991年から毎年夏に開催される歴史あるリーグ戦。出場することはもちろん、優勝することはたいへん価値があるとされる。中邑選手は2003年に初出場してから優勝するまで8年かかった。

ＩＷＧＰ王座統一
Unified Champion

中邑選手がＩＷＧＰ王者だった時期、カート・アングルという選手が新日本プロレスに無断でＩＷＧＰ王者を名乗り、ファンを混乱させた。そこで、それぞれの王者が持っていたベルトを懸ける統一戦を行い、勝った中邑選手がＩＷＧＰを統一した。

中邑真輔が持っていたIWGP

カート・アングルが持っていたIWGP

現在のIWGPベルト

インターコンチネンタル
Intercontinental Championship

新日本プロレスの海外戦略向けという位置づけで２０１１年に新設されたチャンピオンベルト。当初はＩＷＧＰ王座よりも格下と見られていたが、中邑真輔選手がチャンピオンになってからの試合内容によって今や同格に。

ボマイェ
Boma-ye

中邑選手の必殺技。自分のヒザの部分を相手に命中させるもので、助走をつけたりコーナーから飛んだりバリエーションはさまざま。「ボマイェ」という名前は中邑選手自身が命名したもので、「殺せ！」の意味がある。

イヤァオ！
yeaoh!

中邑真輔選手がマイクパフォーマンスで頻繁に使用する言葉。本人によると意味については「自由に感じ取ってください」とのこと。サインをするときには「ｙｅａｏｈ！」と書き添えている。

NEW JAPAN CUP
ニュージャパンカップ

毎年春に開催される勝ち抜きトーナメント大会。中邑選手は７度目の出場で初優勝し、ＩＷＧＰ王座ではなく、インターコンチネンタル王座に挑戦を宣言して周囲を驚かせた。

CHAOS
ケイオス

中邑選手が矢野通選手と結成したグループ。「混《こん》沌《とん》」を意味する言葉で元々は悪の集団と言われていたが、メンバーチェンジもあって、今や会場人気抜群の人気集団へと変化した。

中邑真輔を知るうえで欠かせない基礎用語

CDジャケット
（エイベックス・トラックス）

Subconscious
サブコンシャス

中邑選手の入場テーマ曲。入場テーマ曲とは、試合をする選手が控室からリングに向かうまでにかける曲のことで、一人ひとりに「持ち曲」がある。ちなみにCDでも入手可能。

RISE
Real International Special Elite

2007年に中邑選手が後藤洋央紀選手らと参加したユニットで、選ばれたエリートという意味合いで結成された。活動期間は約1年半と短かったが、中邑選手が初めてリーダーとなった軍団。

ストロングスタイル
Strong Style

アントニオ猪木さんが標榜《ひょうぼう》したプロレスの思想。大まかにいえば「強い者がリーダーになれる」という考え方。中邑選手はこの思想を継承する選手として「キング・オブ・ストロングスタイル」と呼ばれる。

野毛決起軍
Noge-Kekkigun

2004年、まだ合宿所にいた中邑選手が先輩たちを乗り越えるべく、同期の若手たちと結成したグループ。大きなアクションを起こすことができずに自然消滅した。「野毛」とは合宿所のある土地の名前に由来する。

アントニオ猪木
Antonio Inoki

新日本プロレスの創始者であり、元オーナー。現役時代は数多くの名勝負を残したカリスマで、引退後は中邑選手の指導もした。現在は新日本プロレスから離れて国会議員を務める。

NWF
National Wrestling Federation

アントニオ猪木さんが昭和の時代に腰に巻いていた歴史あるチャンピオンベルトで、平成になってから一時復活した。中邑選手はこのタイトルを獲得して、チャンピオンの権限で再び封印した。

対抗戦
Competition

一般的に他団体の選手と対戦する試合のこと。団体の看板を背負っているので対戦する選手同士はもちろん、ファン同士も白熱する。自分の団体に迎え撃つ場合と他団体に乗り込む場合とがある。

Swagsuke
スワッグスケ

海外ファンによる造語。「センスがいい」「かっこいい」という意味のスラング「Swag」と「Shinsuke」を結びつけたもので、「かっこいい中邑真輔」という意味。中邑選手の海外遠征では「Swagsuke」と書かれた応援ボードを持ったファンの姿が増加中！

フィラデルフィアの会場でみつけた中邑ファン。

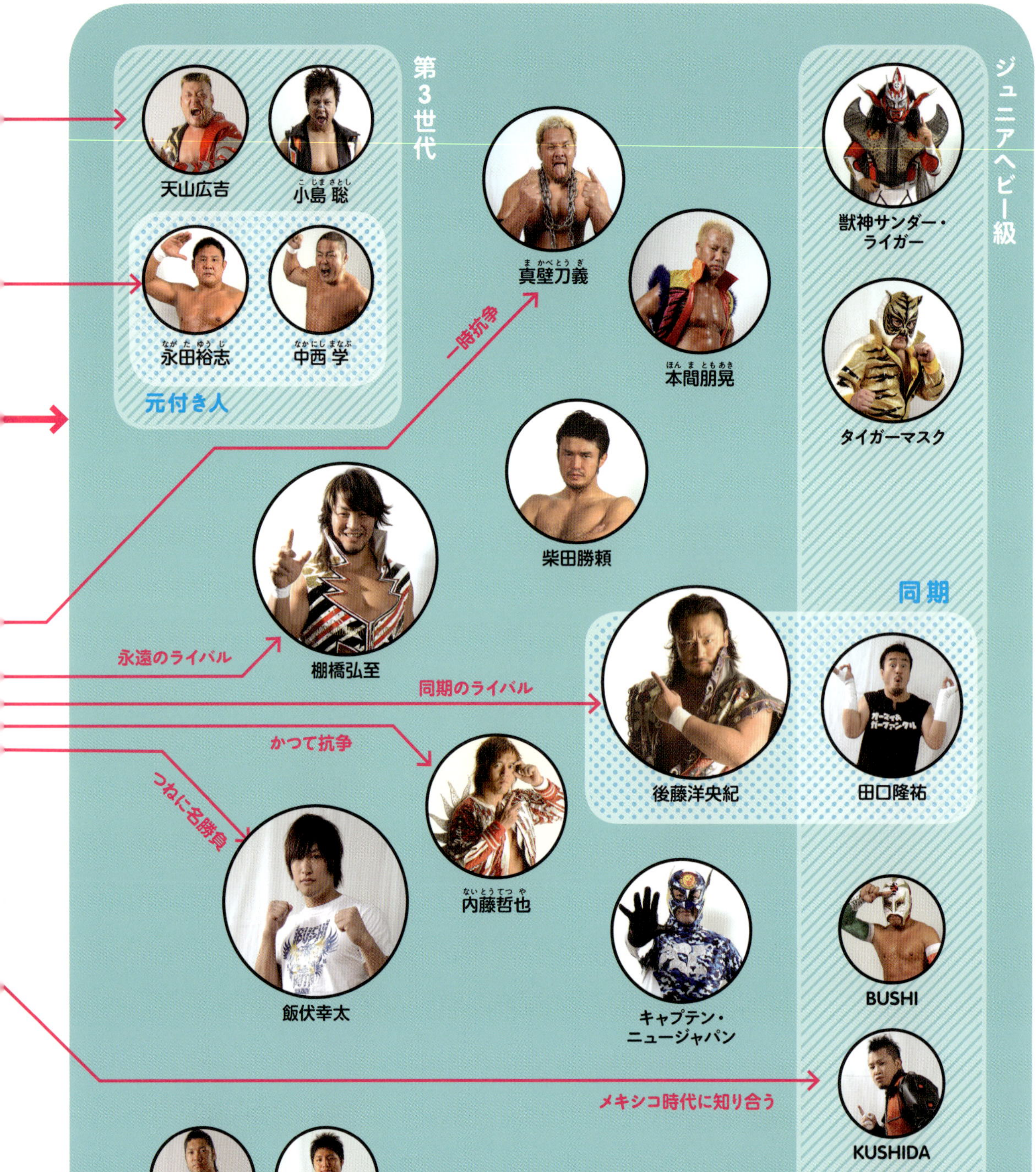

本隊

新日本プロレスの主軸となるグループです。反則などはしない正統派ばかりが揃っています。撮影会やサイン会にも参加してファンサービスに努めています。

ひと目でわかる！
中邑真輔相関図

現在の新日本プロレスにおける人間関係はこちら。過去から現在まで
中邑真輔との関係を頭に入れれば観戦がもっと楽しくなります

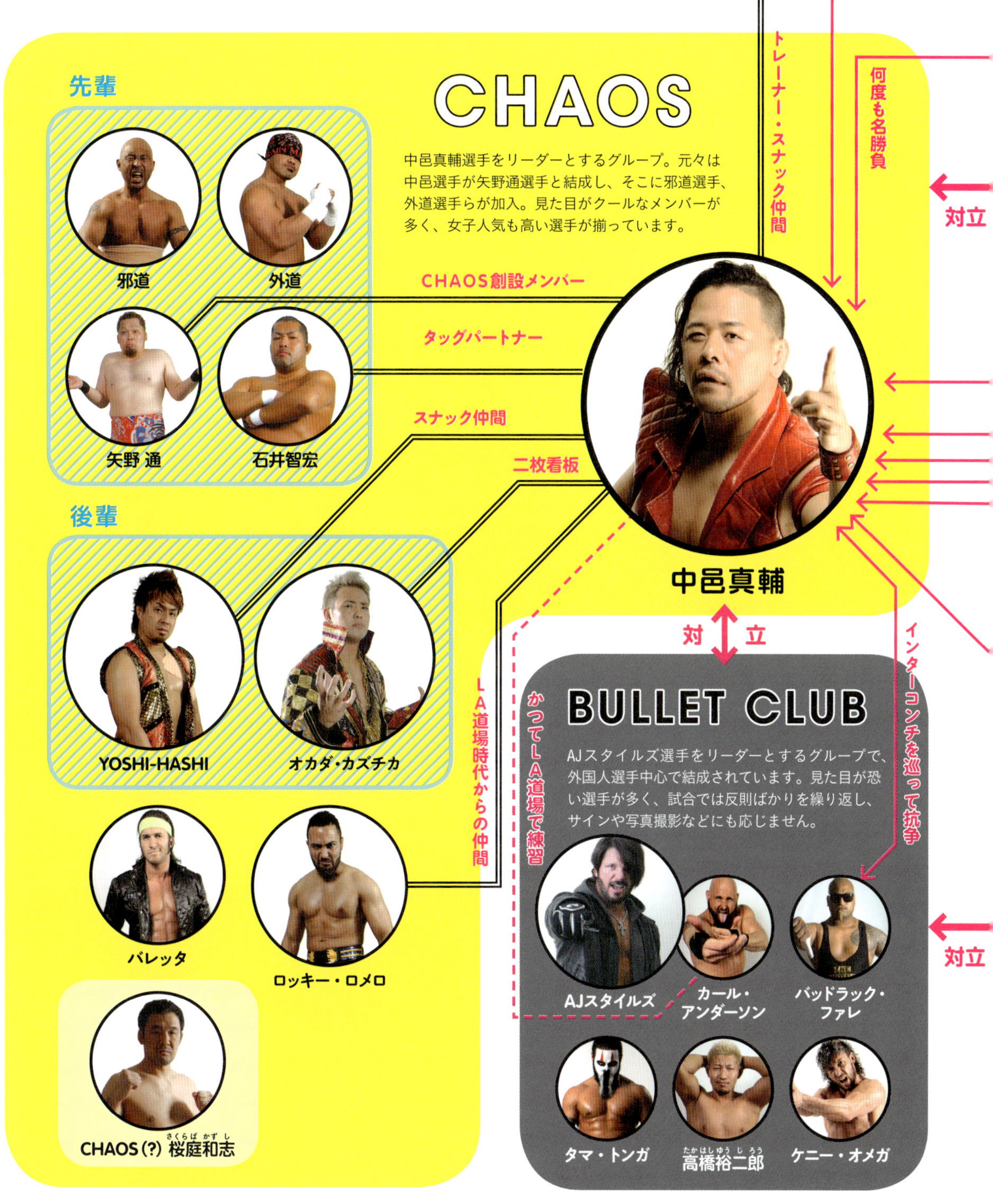

この闘いがすごい!

中邑真輔の好敵手

中邑真輔と激闘を繰り広げるライバルたちを一挙にご紹介。
いずれも現在の「中邑真輔」ができあがるまでに欠かせない相手ばかり。
まだまだ繰り広げられそうな闘いからは目が離せません!

棚橋弘至

新日本プロレスが苦しい時代から常に比較されてきた宿命のライバル。2人の対戦は黄金カードとも言われ、IWGPをはじめ、インターコンチネンタルやU-30など様々なタイトルが懸けられてきました。かつてはタッグチームを結成し、一緒に海外遠征に行ったことも。実は中邑選手が入門したときの寮長でした。

初対決: 2005年1月4日

後藤洋央紀

同期入門のライバル。出世争いは初めは中邑選手がリードしていましたが、やがて後藤選手が猛追。今や闘えば必ず名勝負となる相手となりました。一時期はタッグチームも結成しG1 TAG LEAGUEにも出場。大学時代にはレスリングで対戦したこともあります。

初対決: 2003年8月24日

飯伏幸太

飯伏選手がヘビー級転向後の2014年から接点が生まれ、初対決は「プロレス大賞」の年間最高試合賞を受賞しました。2度目の対決では中邑選手の持つインターコンチネンタル王座を懸けて対戦、東京ドームの観衆を大いに沸かせたのも記憶に新しいところです。

初対決：2013年8月4日

オカダ・カズチカ

CHAOSの後輩で、中邑選手のことを慕っています。タッグを組む機会も頻繁にあり、中邑選手がマイクを向けて「オカダ、何かあるか?」「特にありません」という記者会見でのやりとりは、あまりにカッコ良すぎて伝説となっています。2014年のG1 CLIMAXでは優勝を争いました。

初対決：2008年5月16日

真壁刀義

真壁選手がG1 CLIMAXで優勝したのも、IWGPのベルトを腰に巻いたのも中邑選手を倒してのことでした。常に敵対する側にいて、一時はデスマッチルールで対戦するなどかなり激しい抗争を展開。中邑選手のことを「おい、ヒザ小僧!」と呼びます。

初対決：2005年8月6日

柴田勝頼

同学年で、高校時代にはレスリングで対戦したこともありますが、プロレスの入門は柴田選手が早かったために先輩にあたります。若手時代から常に比較され、リングで向かい合うたびに独特の緊張感が生まれています。2003年には揃ってG1 CLIMAXに初出場しました。

初対決：2003年8月10日

カール・アンダーソン

LA道場での修行時代に一緒にトレーニングしていた間柄で、その名残りで中邑選手は本名の「チャド」と呼んでいます。当時はごはんを奢ってあげたというエピソードもありますが、現在は敵対。2011年の初対決以降、毎回のように名勝負を繰り広げています。

初対決: 2011年8月10日

バッドラック・ファレ

初対決: 2010年12月16日

2014年のNEW JAPAN CUPで優勝を争い、その後もインターコンチネンタル王座を巡って何度も対戦しました。トンガ出身の元ラガーマンであり、そのケタ外れのパワーを覚醒させたのは中邑選手だとも言われています。

初対決: 2003年6月13日

髙山善廣

最初のタイトルマッチの相手であり、若手時代に壁となった存在。中邑選手は髙山選手との試合でヒザ蹴りの破壊力を知り、必殺技のボマイェが生まれたとも言われています。両者の対戦は東京ドームで2度メインイベントを飾っています。

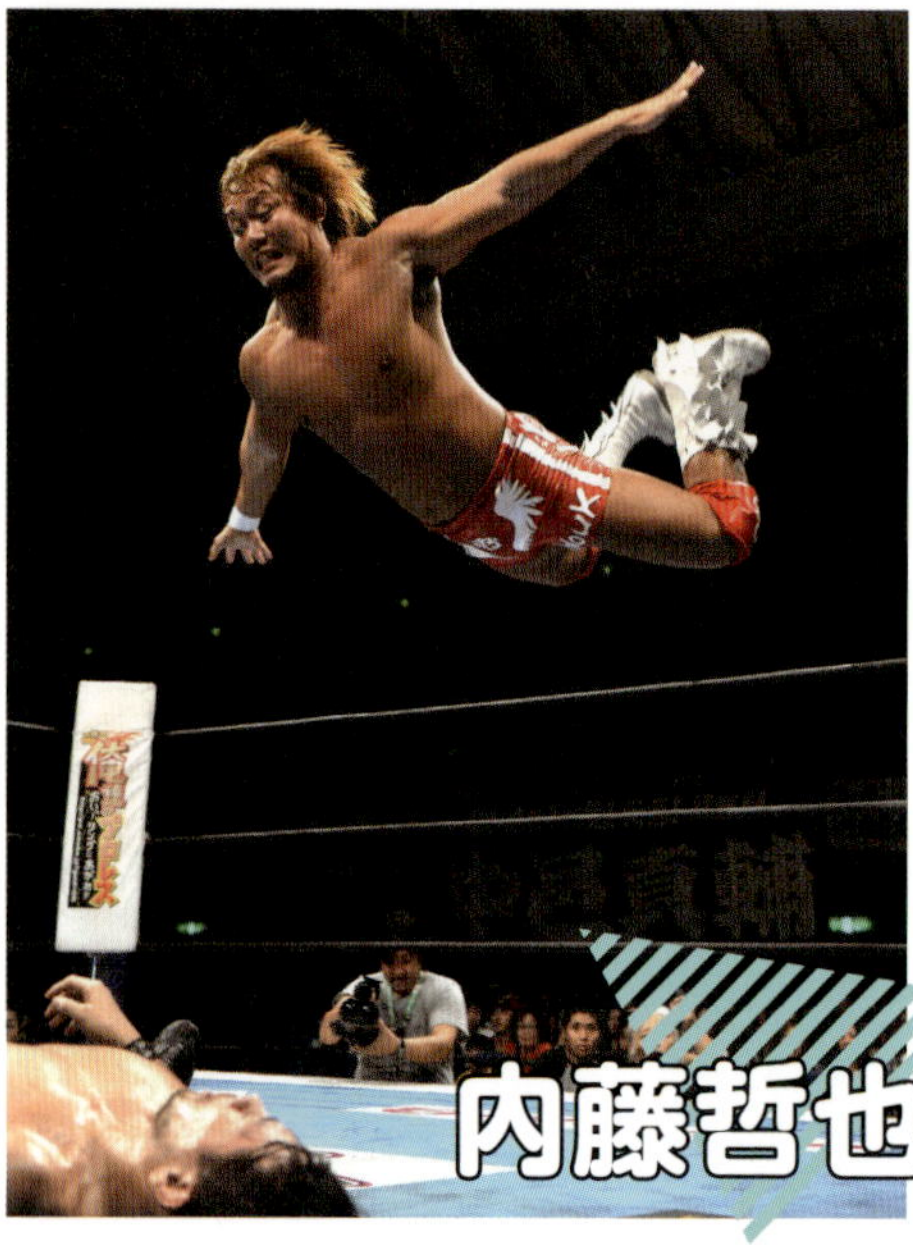

内藤哲也

中邑選手がG1 CLIMAXで初優勝したときの優勝決定戦の相手。一時期はCHAOSに所属していたのでタッグを組んでいました。中邑選手は内藤選手を相手にすると会場のロビーで乱闘するなど、かなり厳しい攻めを見せることがあります。

初対決: 2011年8月14日

天山広吉

中邑選手が史上最年少でIWGP王者になったときの対戦相手。その他にもケガからの復帰戦や肉体改造後など、節目節目で対戦しています。長男が中邑選手のファンで、自宅でボマイェされているという噂も……。

初対決: 2003年12月9日

中西 学

付き人をしたこともある先輩。現在はあまり闘うことはありませんが、以前はIWGPを懸けて対戦したり、タッグを組んだりしました。中邑選手によると、同じ京都出身ですが、言葉遣いは随分違うそうです。

初対決：2004年6月5日

永田裕志

初対決：2003年8月15日

デビュー当時に付き人をしていた先輩。これまでIWGPやインターコンチネンタル、NEW JAPAN CUPなど様々なタイトルを懸けて対戦しており、そのたびに激闘になっています。

小島 聡

初対決：2005年3月26日

中邑選手が唯一60分間フルタイムを闘った相手。中邑選手が入団した頃には新日本プロレスを離れていたので接点は少なく、IWGPのタイトルマッチやG1で対戦。タッグを組んだことはありません。

アレクセイ・イグナショフ

初対決：2003年12月31日

ベラルーシ出身の格闘家で、総合格闘技のリングで2度対戦した相手。ヒザ蹴りが得意で、最初の対戦で中邑選手は顔面骨折に追い込まれましたが、2度目の対戦できっちり勝利しています。

写真提供／産経新聞社

ダニエル・グレイシー

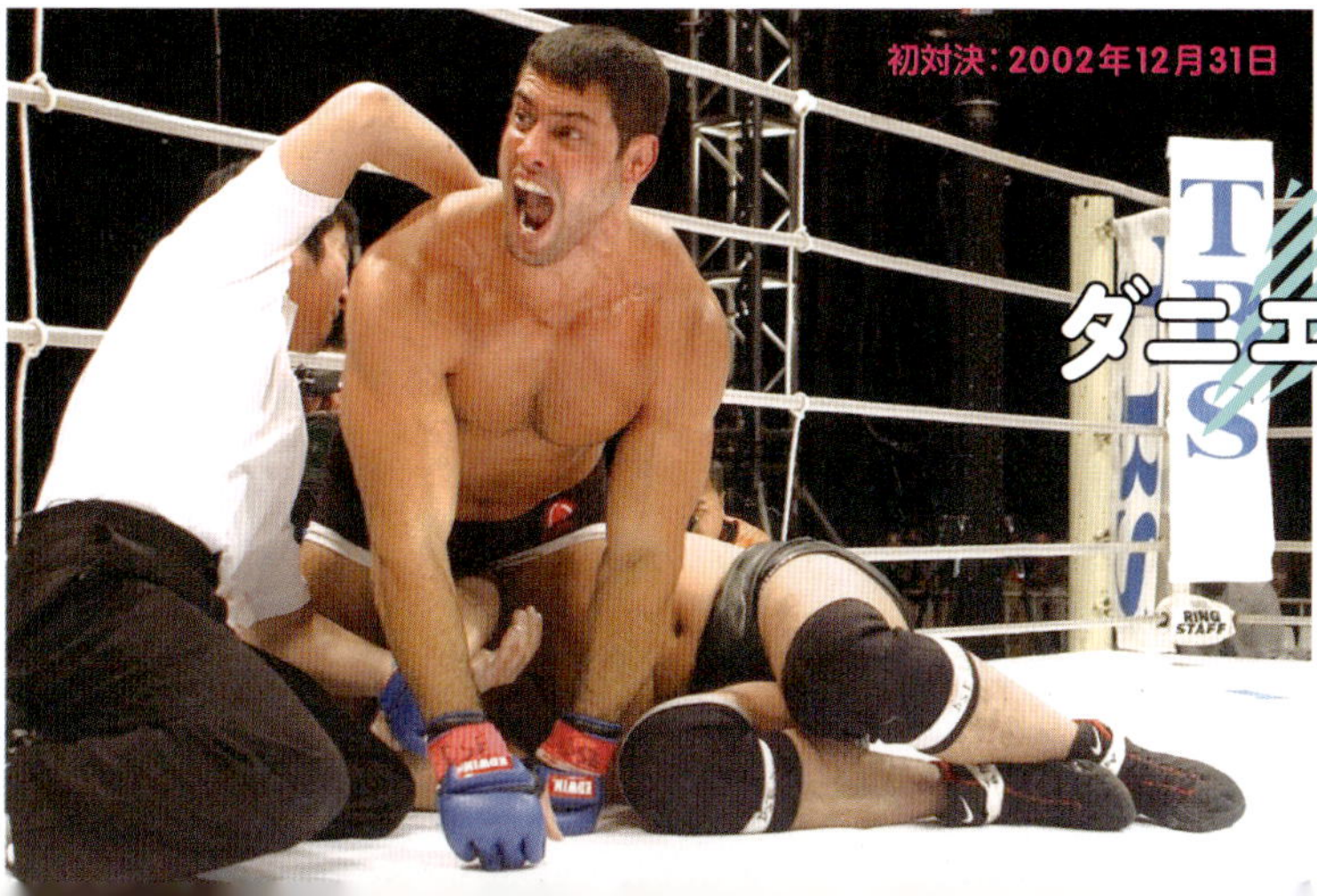

初対決：2002年12月31日

ブラジル人格闘家で、中邑選手にとっては総合格闘技デビュー戦の相手。それから11年後にはインターコンチネンタル王座を懸けてプロレスルールでも対戦しています。

写真提供／産経新聞社

萌える♥コスチュームの変遷

「プロレスは表現」と語る中邑真輔にとって、コスチュームも重要な要素！
これまでたどってきた変遷を本人の解説付きでまとめてご紹介しましょう!!

2002

デビュー戦で着用。
デビュー戦でスパッツを穿く選手はかなり珍しかった。

SHINSUKE's Voice

〝スーパールーキーデビュー戦〟と銘打たれていたので、特別なことをやらないといけないと思ってスパッツを穿きました。レスリングシューズはいちばん動きやすそうだから。

2003

2003年のG1 CLIMAXからロングタイツを使用。のちに中邑真輔のデフォルトイメージとなるコスチューム。

SHINSUKE's Voice

ロングタイツにしたのは野村萬斎《のむらまんさい》さんの舞台を観に行ったとき、ヨーロッパ調の編み込みの長いブーツがかっこいいなと思って。

2003年8月28日のデビュー1周年記念試合でのみ披露したレア度NO.1な白タイツ。

SHINSUKE's Voice

真っ白は1周年だし、いろんなものを吸収するって意味もありました。

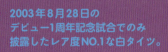

2004

黒のロングにライオンマークロゴを崩して
バックにプリントしたデザインが印象的。
新日本プロレスを背負って闘う姿と
ぴったり重なったコスチュームとして
ファンの間でも人気が高かった。

SHINSUKE's Voice

ライオンマークを背負って使ってましたね。ロゴは崩しても誰にも文句言われなかったんで。この当時の僕の勝負パンツです。ただ、ロゴの部分のプリントが剥《は》がれてくるのが大変でした（笑）。

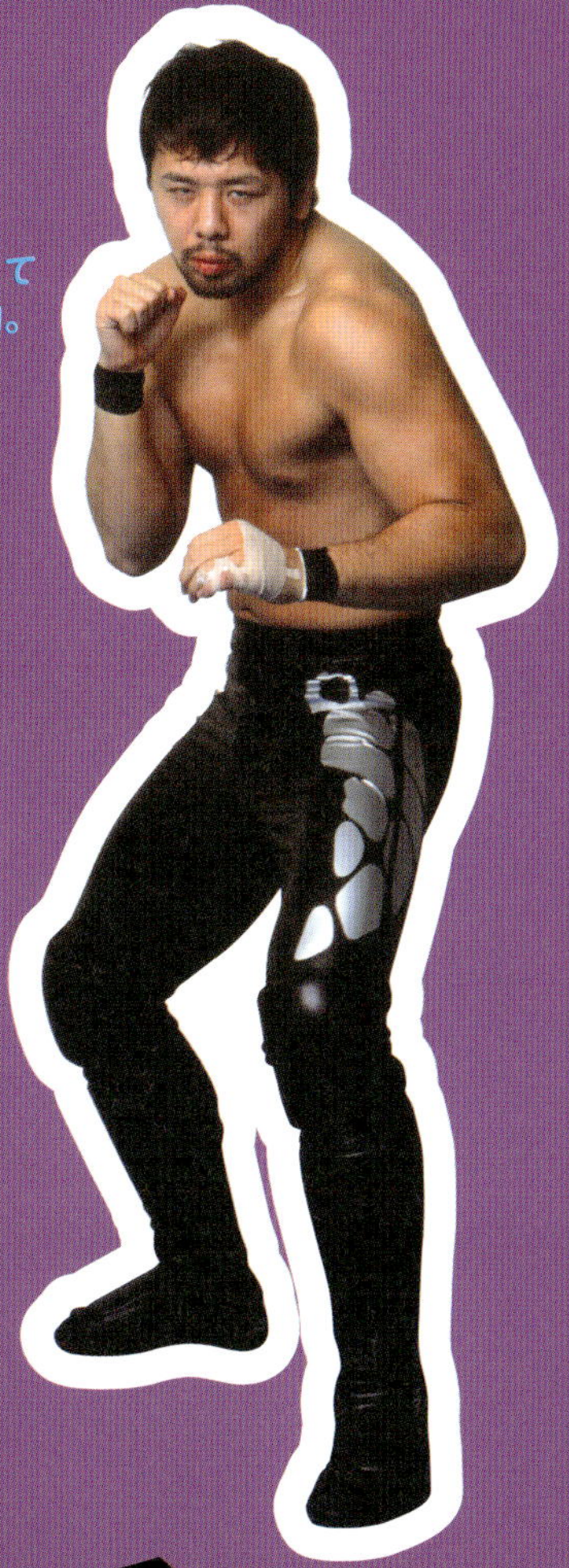

2004年に使用された
ロングタイツは
左足の部分に龍が
描かれているものを使用。

SHINSUKE's Voice

ライオンのモチーフを使ったあとで、それに勝ちうるモチーフが欲しかったんでしょうね。

SHINSUKE's Voice

水色にしたのは夏だったから。龍のデザインも入っていたので空をイメージしたカラーでもあります。

2004年の
G1 CLIMAXの期間に
限定使用された
色鮮やかな水色のロングタイツ。
今となっては非常に新鮮な印象だ。

2006-2007

アメリカでウェイトアップ後は
大きくなった体を強調するため
再びショートスパッツに戻す。
反体制派軍団「BLACK NEW JAPAN」に加入。

SHINSUKE's Voice

体が大きくなったんで太ももを見せた方がいいだろうと思って。蝶野（正洋）さんとタッグを組むってことで蝶野さんのイメージカラーである黒にしました。フードガウンはヒクソン・グレイシーの影響で（笑）。

2008

「RISE」結成後は赤を基調とした
タイツを穿いてイメージチェンジした。
IWGP王座統一戦などで記憶に残るコスチューム。
キックを多用することになり、
レガース（スネあて）を着け始める。

SHINSUKE's Voice

それまで模様のプリントが剥がれるのをすごく気にしてましたが、これはサテンの生地にインクジェットでプリントしたので大丈夫でした。東京の街がデザインされてます。入場で使ったガウンはリバーシブル。生地はサテンです。

デザインはそのままに
ロングタイツからショート
タイツにチェンジ。
スパッツではなく、
タイツを穿いたのは
若手のとき以来となる。

SHINSUKE's Voice

ロングタイツに飽きて気分転換で作ったものです。これ以降、ショートは穿いてませんね。

2009-2011

ここから再び黒タイツに戻し、
現在の原型となる。ベルトは付け替え可能で、
黒から赤に変更。

SHINSUKE's Voice

黒にしたのはCHAOSを作ったから。このときの生地はデザイナーをやってる高校の同級生が見つけてきたものです。通気性のある合皮で、しかもよく見るとクロコ柄で、ようやくプリントの大変さから解放されました。黒は昔からです。

2011年のメキシコ遠征以降に着用する。
太もも部分にラインが入った。

SHINSUKE's Voice

作ったのはメキシコに行く前です。腕章とかリストバンドとかは今にいたる流れですね。赤いラインはデンジャーサインを意味しています。ライダース好きなんで入場に使ってみました。

2010年2月28日の
K-1ファイターとの
エキシビションマッチで着用。
一度しか披露していない
非常に珍しいトランクス姿。

2012

ジャケットは肩が
つり上がったタイプに変化。
この頃から入場時に
腕を動かすパフォーマンスも
定着した。

2013 -2014

3度目のメキシコ遠征から
時折使用。
2014年のNEW JAPAN CUP
優勝決定戦でも使用した。

SHINSUKE's Voice

これもメキシコからです。入場用に黒いジャケットも作って赤に合わせたり、黒に合わせたりバリエーションが増えました。

2014年1月4日の東京ドームでの
棚橋弘至戦から使用する
フリンジが特徴的なジャケット。

SHINSUKE's Voice

フリンジ大好きですね。赤なのでタイツとの組み合わせで遊べるようにはしてます。

2014

2013年のメキシコ遠征で披露して
ファンの間で話題に。その後、
日本では2014年1月18日の
ルーシュ戦でのみ披露した。
入場ではカプーチャ（頭巾）を
使用している。

SHINSUKE's Voice

ボディペインティングって日本人は誰もやったことなかったですから。日本で披露したときはペイントアーティストをメキシコから呼び寄せました。これはオイルペイントだから汗かいても消えないんです。カプーチャもメキシコで作ったんですが、実は現地の選手は被っていません。

2015

2015年1月4日
東京ドームでの飯伏幸太戦の
入場で使用した
王様仕様のコスチューム。
姿を見せた瞬間、
客席が大きくどよめいた。

SHINSUKE's Voice

キング・オブ・ストロングスタイルと呼ばれるなら、キングになってやろうじゃないかという気持ちで着てみました。王冠は自由の女神のような感じで、パンク調テイストも入っています。

2014年5月3日の
グレイシーとの試合で
一度きり着た柔術着。
柔術着を使用しての絞め技が有効
という特別ルールのため、
着用した。

SHINSUKE's Voice

やっぱりプロレスの試合をするには動きにくかったです。こだわってパッチ（ワッペンのようなもの）もすべてオリジナルで作ったんですけど。今は練習で使ってます。

2015年7月5日
大阪城ホールでの
後藤洋央紀戦の入場で使用した
忍者コスチューム。
結果は負けたものの、
入場のインパクトでは
圧勝との声も……。

SHINSUKE's Voice

忍者になったのは、後藤のことを「殿」って呼んでたので閃《ひらめ》きました。しかも舞台は大阪城だしやるしかないでしょ。こだわりはやっぱりスパンコールです。

萌える♥ヘアスタイルの変遷

中邑真輔のトレードマークのひとつがヘアスタイル！

今や国籍・性別問わず真似するファンが続出していますが、その変遷をたどってみましょう。

ヘアスタイルについて

SHINSUKE's Voice

昔は美容師さんにお任せっていうのができなくて、細かく注文しては思いどおりにならずに不機嫌になって帰ってました（笑）。モヒカンヘア、実は中学生のときとか大学1年のときにやってたんですよ。当時はツーブロックみたいな感じでした。今、女性でもこの髪を真似している人多いですけど……その人の職業が気になります。

2002

学生らしさが残る新弟子時代。丸刈りになったのは小学生とこの時期だけ。

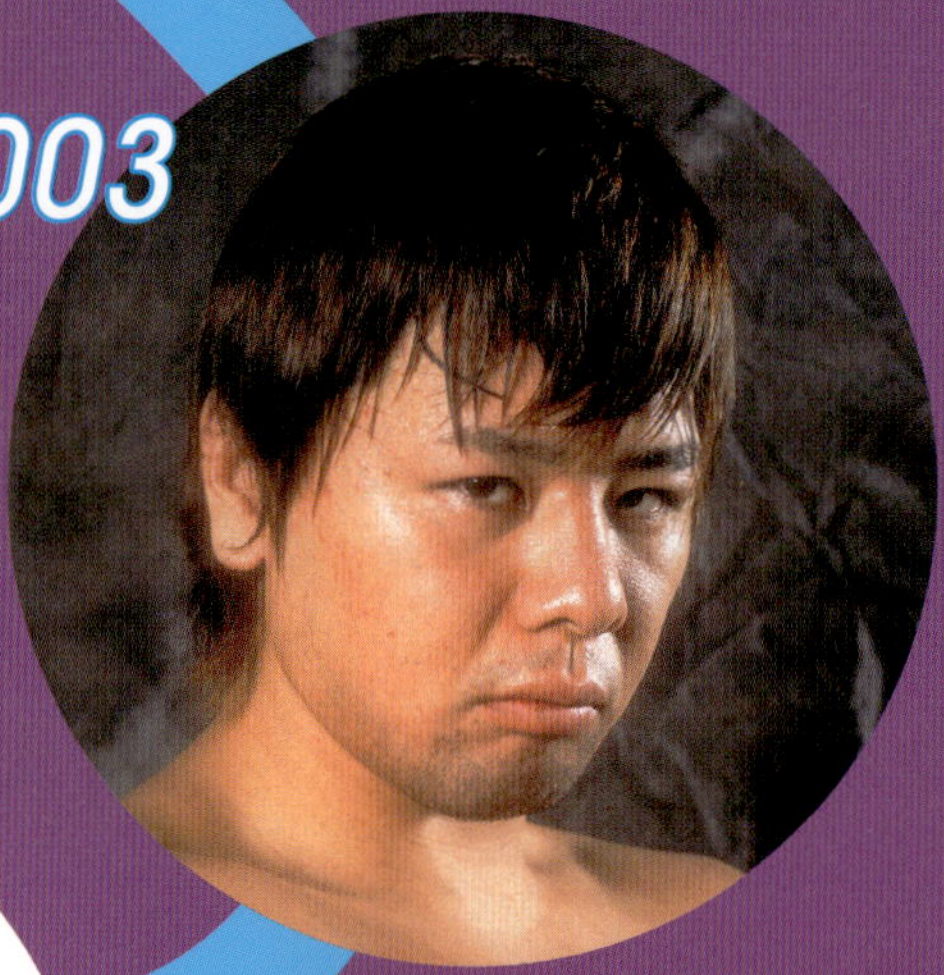

2003

「スーパールーキー」と呼ばれた時代は茶髪にしたこともある。カラーの動機については「中学生と一緒でやってみたかっただけ」だとか。

2004

格闘技の試合にも出場していた頃は険しい表情を見せることが多かった。対戦相手と睨み合った時に負けないようにと眉毛をバリカンで刈っていた。

2006

アメリカ遠征後は黒髪に。しかし、ここからしばらく試行錯誤の時期へ突入し、美容室難民に……。

2008

クセ毛を活かしたスタイルで落ち着いたのはこの時期から。大学時代の後輩がオープンした美容室へ行くようになった。

2010

CHAOS結成後は伸ばしていた。キレイなウェーブがかかっているがパーマではなく、クセ毛&猫っ毛。

2011

2度目のメキシコ遠征を控え、思い切ってイメチェンを決意。モヒカンにするが、現地のレスラーのほとんどがモヒカンだったので、まったく目立たないことに。

2012

このあたりから現在のヘアスタイルが確立。サイドは短く刈っている。

2013

モヒカンヘアは髪の流し方を変えることもしばしば。現在はすっかり理髪店に落ち着いた。

萌える♥必殺技

中邑真輔が試合で繰り出す技の数々をド迫力の写真でご紹介！
技の数を絞って試合を組み立てるうまさを理解できるようになれば、
あなたも立派なプロレス通です。技の名前も覚えていけば観戦がさらに楽しくなるはず！

ボマイエ

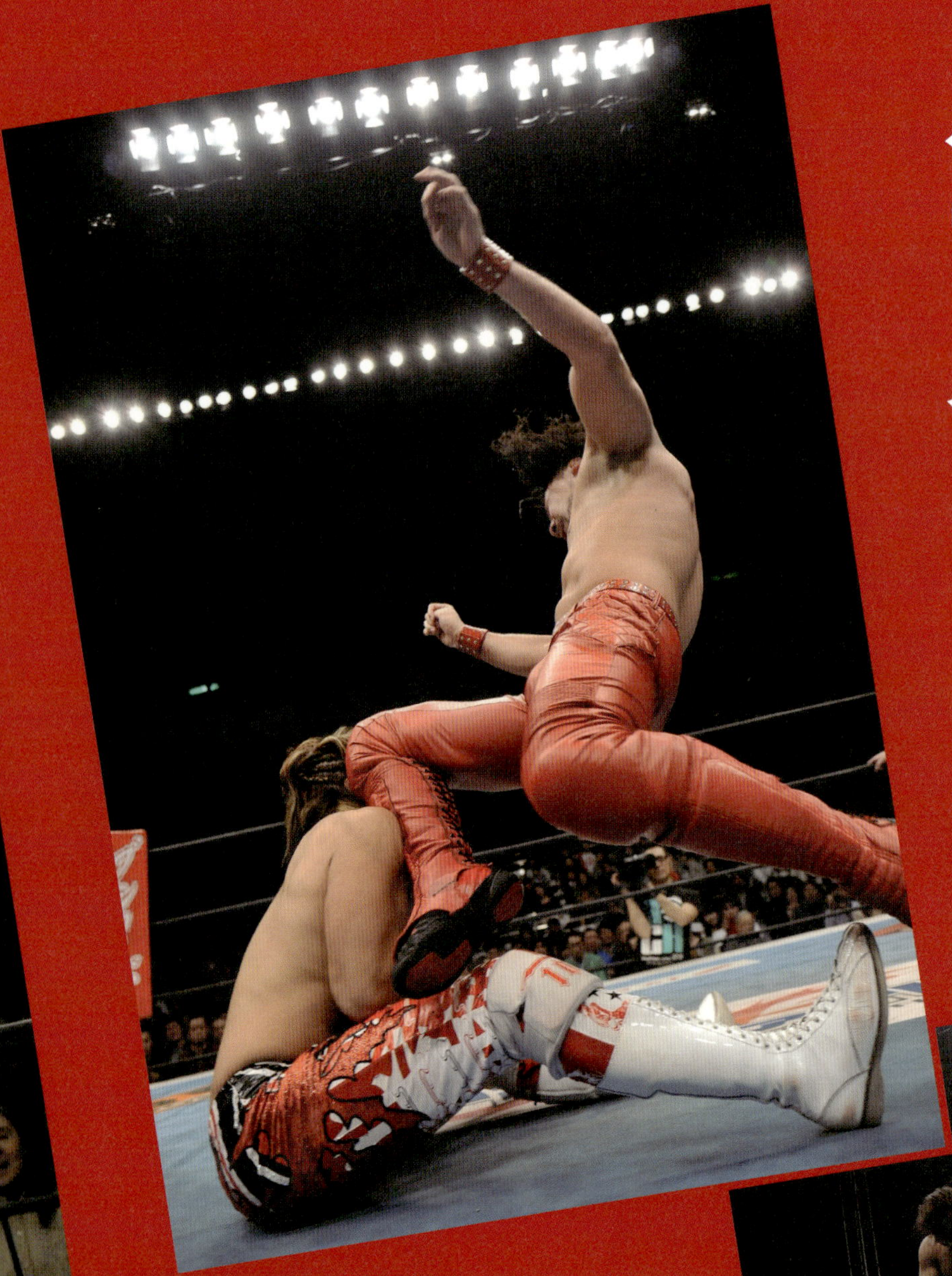

自分の片ヒザを鋭角に曲げて相手に命中させる必殺技。助走をつけたり、コーナーから飛んだり、勢いの付け方は様々。

リング上のタップダンサーが切りつける！
凶気のヒザ！

リバース・パワースラム

相手の背後に回り込み、持ち上げてボディからマットに叩きつける。このあとボディに集中攻撃することが多い。

大きな弧を描く！
マットに叩きつけたぞ！

ランドスライド

温存している大技を繰り出した！
勝負をかけるか!?

相手を肩に担ぎ上げ、自分がジャンプすると同時に頭から落とす。最近ではめったに使用しなくなったレア技なので、繰り出したときは客席がどよめく。

腕ひしぎ逆十字固め

これぞ切り札！

電光石火の関節技

最初にIWGP王座を獲得したときの決め技で、元々は柔道で使われる技。相手のヒジの関節を曲がらない方向に伸ばして「ギブアップ」を奪う。

ジャンピング・カラテキック

飛んだ！
リングで甦ったブルース・リー!!

まるでカンフー映画に登場するほど鮮やかなフォームで高く飛び上がり、片足で相手を蹴り上げる。シンプルかつ豪快なキック。

ダブル・ニー・ドロップ

飛び上がって、寝ている相手に向かって両ヒザを当てる技。相手が仰向けならば顔面に、うつ伏せならば後頭部を狙う。

高々と飛んだ！

そして強烈なヒザ爆弾が降ってきた!!

バッククラッカー

一瞬で背後に忍び寄って決めた！
まるで忍者のような身のこなし！

相手の背後に回るとアゴを持ちながら、両ヒザを背中に突き立てて飛び上がる。着地の衝撃で背中を痛めつけるという技です。

萌える♥キメポーズ

中邑真輔がリングで見せるポーズはとにかくしなやか。
その他、生観戦する際のシャッターチャンスともいうべき、
美しい決めポーズの数々をご紹介しましょう。

シャッターチャンス ①

リング上でリングアナウンサーのコールを受けるときのお決まりのポーズ。トップロープを右手で掴んで体を反らせます。ロープを触ってからブリッジを崩すまで目が離せません。

シャッターチャンス②

入場するときによく見せるもので、ピースサインを作りながら、両腕をクロスさせてシェイクするポーズ。花道近くの観客を煽りながらリングへと向かうのです。

シャッターチャンス③

先に入場して相手を待つ時に見せる動き。長い足を折りたたんでコーナーに置き、頭を近くに持っていくストレッチです。コーナー付近からは絶対押さえておきたい瞬間!!

シャッターチャンス ④

いよいよこの後、必殺技のボマイェで勝負をかけようとするときに見せるポーズ。見ている側の心も滾《たぎ》らせてしまうわけで、このポーズひとつで観客を掌に乗せてしまいます。

試合の序盤、対戦相手をロープに押し込んで頭をお腹あたりにつけて両手をダラリと降ろして脱力するのは、余裕の表れ。このあと相手がどう出てくるのか注目です！

シャッターチャンス ⑤

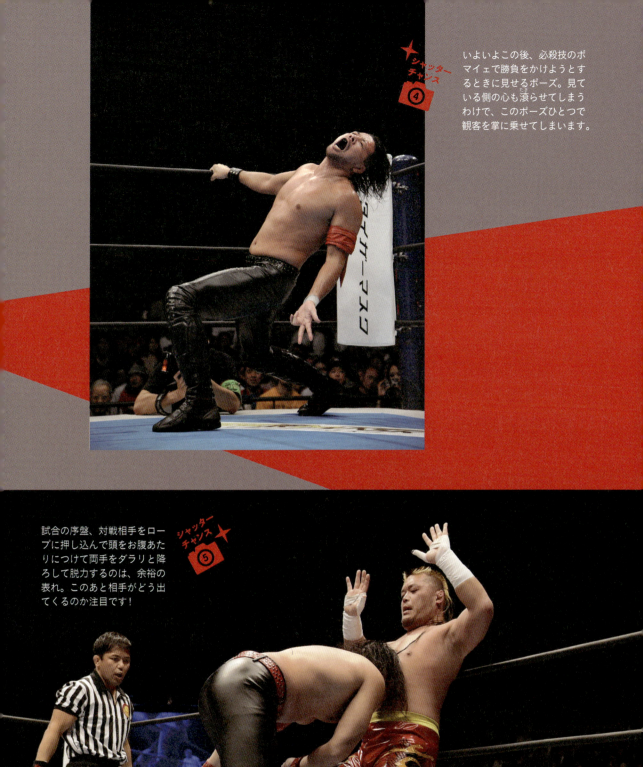

チャンピオンベルトは選手にとっては最高のアクセサリー。腰に巻くのがいちばん多いですが、対戦相手やファンに誇らしげに見せつける姿も実にかっこいい！

シャッターチャンス 6

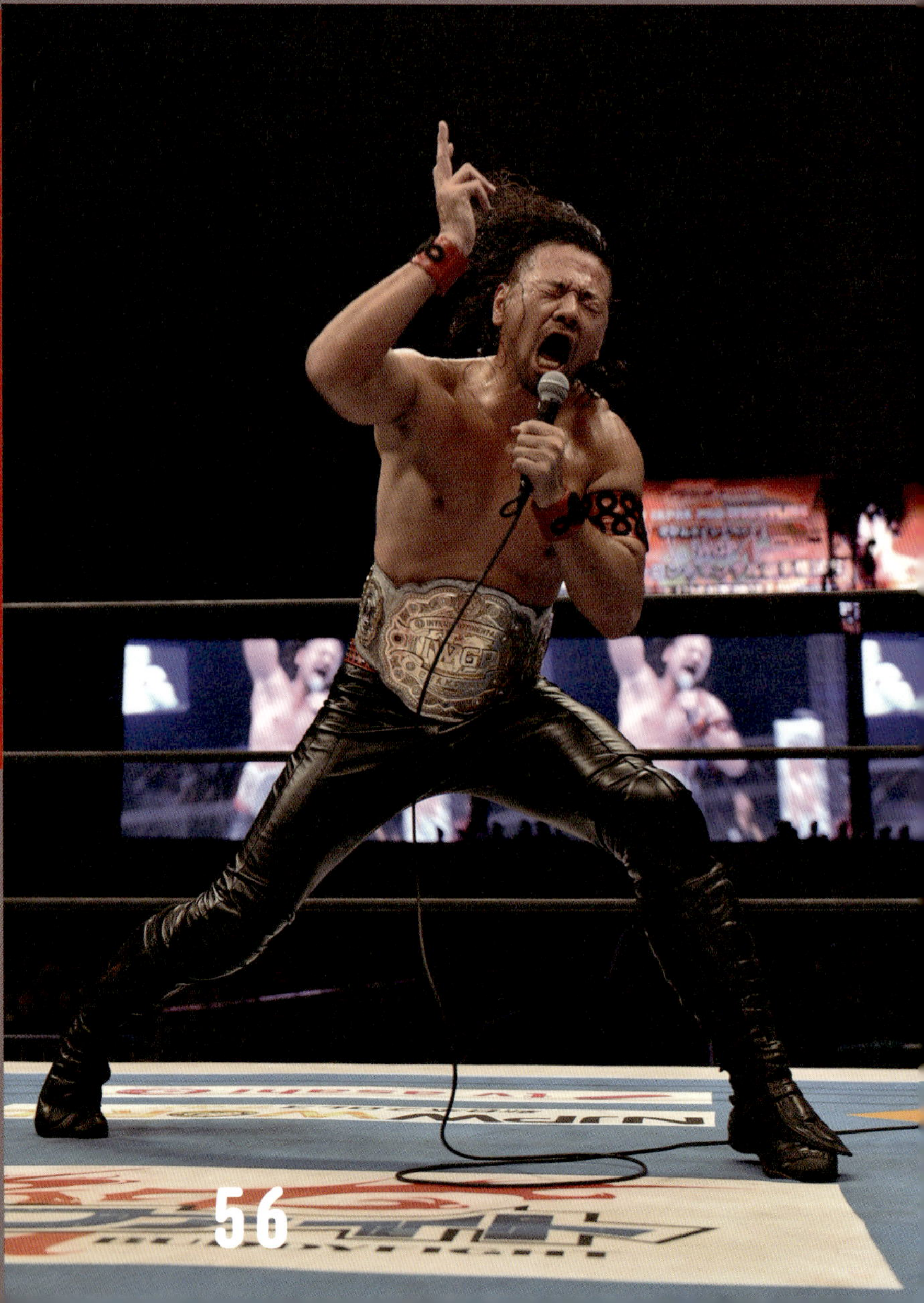

シャッターチャンス 7

試合後、マイクパフォーマンスを締めるのに見せるポーズで、ピースサインを作った右手を頭上高く振り上げて真下に落とします。もちろん「イヤァオ!」のシャウトもワンセット!!

こんなポーズもとっちゃいます！

中邑真輔がリングで見せるポーズはとにかく自由！ 試合の中で次々と生まれるレアなポーズも併せて紹介します。

天山広吉選手に対してモンゴリアンチョップを見せる姿。相手の得意技を相手より上手に見せることで精神的に優位に立つ。

今、双眼鏡を使って
透明人間を捜索中であります！

後藤洋央紀選手を目の前にして見せたポーズ。「双眼鏡でも姿が見えないほど、存在感ないよ」という意味です。

おっ、ウサイン・ボルトが降臨か？
最速勝利を狙うか？

フォールを狙いに行くときに見せる余裕のポーズ。これをやられると、相手はたまったものではありません。

柔らかな体が一瞬、固まった！
ニードロップ炸裂!!

本間朋晃選手の得意技「小こけし」の倒れ方を真似したニードロップ。ただし、本家と違って笑いは一切なし！

闘いの中でシャル・ウィ・ダンス！
紳士的な宣戦布告だ!!

飯伏幸太選手に対しては静かに手を差し出す。まるで「僕と一緒に試合で滾りませんか？」という声が聞こえてきそう。

萌える♥マイクパフォーマンス

プロレスの醍《だい》醐《ご》味《み》のひとつがマイクパフォーマンス。肉体だけではなく、言葉も使ってインパクトを残すのが一流のプロレスラーなのです。中邑真輔が生み出してきた数々の名言を勝手にセレクション!!

“負けてません。
この言葉に何の
後ろめたさもありません。”

(2003年12月31日＠ナゴヤドームのバックステージ)

アレクセイ・イグナショフ相手に負けの裁定を下され、納得いかない様子で吐き捨てたぞ！ この一言から再戦へのストーリーが始まった！

“K-1とか総合とか
よくわかんねぇけど、
調子乗ってんじゃねえぞ。
いちばんスゲエのは
プロレスなんだよ！”

(2004年3月28日＠両国国技館のリング)

プロレス界を席巻するボブ・サップに向けて放った歴史的ひと言!! 格闘技の勢いに押されて自信を喪失していたプロレスファンたちの期待が今、中邑真輔に託されたー!!

“今日の試合のテーマは
笑顔でした。
良い風が吹いていたから
勝つことができました。”

(2004年5月22日＠さいたまスーパーアリーナのリング)

因縁の相手、イグナショフに見事に勝利し、満面の笑顔での発言だ！ やはり、格闘技のリングでプロレスの強さを見せつける男、頼もし過ぎる！

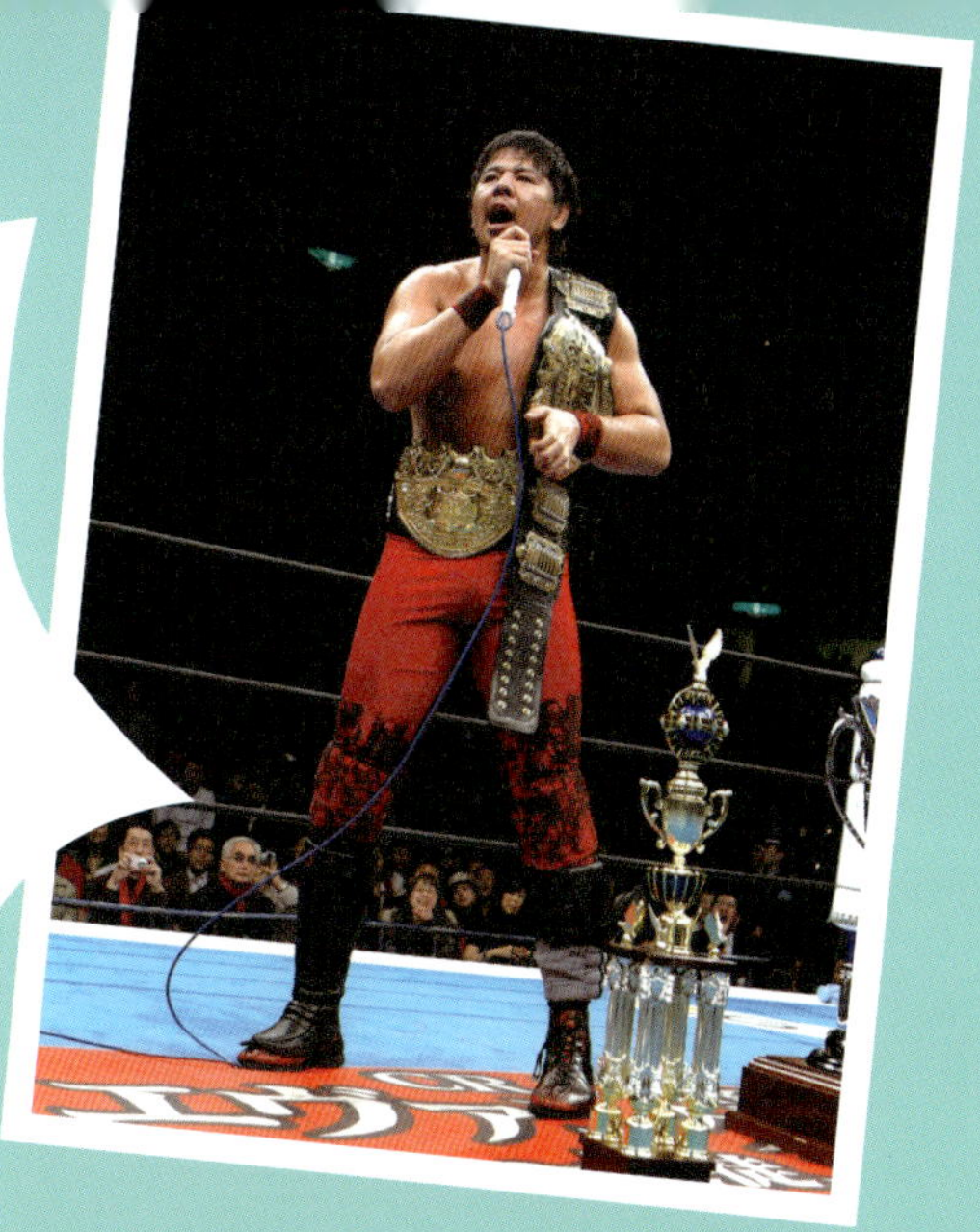

“今日からが本当のIWGPです！”

(2008年2月17日＠両国国技館のリング)

日本人で初めて“強豪”カート・アングルを倒し、2本あったIWGPのベルトを統一するという偉業をやってのけました！

“オレは貫き通していくつもり！ストロングスタイルを、新日本プロレスを。”

(2009年8月16日＠両国国技館のバックステージ)

夏の栄冠である「G1 CLIMAX」の優勝を真壁刀義選手にさらわれてしまった直後の発言、やはり悔しさを滲《にじ》ませております！ しかしながら、今後の進むべき道について力強い言葉が我々の心に突き刺さったッ！

“このIWGPに昔のような輝きはあるか？オレはないと思う！”

(2009年9月27日
＠神戸ワールド記念ホールのリング)

な、なんと！　新日本プロレスの最高権威にはっきりと異を唱えた！　さらにはかつての師匠、アントニオ猪木に挑戦表明という、中邑史上最もスリリングなマイクパフォーマンスだ！

“過去と闘って何が悪い！
昔を超えようとして何が悪い！
未来はオレが作る！
生きたいように生きる！
なりたい自分になる！
それがプロレスラーだろ！”

（2009年11月8日＠両国国技館のリング）

ライバル棚橋弘至選手を下した直後の発言であります！ 自らのプロレスを模索する中で開き直りを見せた瞬間！ 誰にも囚われずに我が道を行くというこの発言は、ロックンロールすら感じます！

“ありがとうしか、
今のオレには思いつかない！”

（2011年8月14日＠両国国技館のリング）

「G1 CLIMAX」初優勝を成し遂げた直後の勝利者インタビューは、まずファンに対する感謝の気持ちから始まった！ うーん、シンプルな言葉の裏には相当な感激があるに違いありません！

“気安く呼ぶな、
中邑さんだろうが。
シングルマッチ
やりてえのか？”

（2011年11月12日＠大阪府立体育会館のバックステージ）

下から追いかけてくる後輩、内藤哲也選手に対して容赦《ようしゃ》ない発言だ！ しかしながら、このサディスティックな言葉に萌える女性も少なくありません！

> **"とんだ期待はずれのゴリライモだぜ！"**
> （2012年7月1日＠両国国技館のバックステージ）

他団体の選手との対戦を終え、格の違いを見せつけるように斬り捨てた！ 相手に対する形容詞は実にお見事！ 「ど根性ガエル」のキャラクターを引用するあたりはさすがだ！

> **"滾ってきたぜ！"**
> （2012年7月8日＠後楽園ホールのリング）

同期のライバル後藤洋央紀選手との対戦を目前に控え、押さえられない感情の高ぶりを表す名フレーズが出た!? さあ、決戦に向けて待ったなし！ 闘う男の血が今、滾っている！

> **"イヤァオ！"**
> （2012年11月11日＠BODYMAKERコロシアムのリング）

会場に集まった女性たちのハートを打ち抜く言葉！ うーん、言葉の意味はわからないものの、なぜかかっこ良さに満ちあふれている！ いよいよマイクパフォーマンスが新時代に突入したー!!

“どうしよっかな〜
……答えはこうだ！
愛してま〜す!!”

(2014年3月23日@ベイコム総合体育館のリング)

なんと、棚橋弘至選手のお株を奪うこのセリフ！　つまりは棚橋選手に対する挑戦表明だ！　自らの決めゼリフにライバルのセリフを掛け合わせるという見事なマッシュアップが炸裂ッ!!

“僕は人間じゃないんだ！
イヤァオトラセブン
なんだ！”

(2014年5月25日@横浜アリーナのリング)

衝撃のカミングアウト!!　まさかのウルトラ兄弟発言に観客も一瞬あっけに取られております。あまりにも自由過ぎるマイクパフォーマンスに明日の新聞の見出しが今、決定しました！

“自分にとって
プロレスは……
人生は……
アート。”

(2014年8月10日＠西武ドームのバックステージ)

う～ん、この発言には哲学がある！ 中邑真輔が闘いのキャンバスに描く作品に我々は酔いしれるのであります!! 試合に敗れた事実を言葉の印象でかき消した!!

“ヤバ～い！
真っ白な灰になるところだった。
飯伏、最高に
イヤァオ！なヤツだぜ、
こいつ！”

(2015年1月4日＠東京ドームのリング)

飯伏幸太選手とタイトルマッチを制した直後、息を切らしながら叫んだ言葉だ！ 追い詰められながらも掴んだ勝利に酔っている瞬間、この場合の「イヤァオ！」とは強敵に対する賛辞か！?

“何、このフリ？
超やりづらいん
ですけど～!!”

(2015年1月5日＠後楽園ホールのリング)

永田裕志選手からの「挑戦を受けてくれるかな?」という問いかけに対して、まずはこの発言！ これぞリング上の生テレホンショッキングだ!? 返事は「いいとも」で返すか？

教えて！100問100答

中邑真輔選手に聞いてみたい100のこと

もえプロ♡女子部の皆さんからお預かりしている質問を持って控室に直撃！し、失礼します！

1 プロレスラーになろうと思ったのはいつ？

中学生

2 一日の練習量は？

その日によります。

3 柔軟方法は？

戻すときに息を吐く。

4 試合前にするジンクスはある？

あるけど、教えません。

5 今まででいちばん苦しかった試合は？

覚えてないです。

6 人生で初めて買ったプロレスに関するものは？

プロレスの本……小説だったと思います。

7 プロレスをやっていてよかったと思う瞬間はどんなとき？

違う世界を見られたとき。

8 ファンからの声援は聞こえる？

聞こうとすれば聞こえます。

9 寮生時代の得意料理は？

ちゃんこ

10 ファンにもらってうれしかったものは？

何でもありがたいです。

11 巡業の移動中、バスの中でしていることは？

雑誌や本を読んだり、タブレットをいじってます。あんまり寝てないです。

12 巡業に必ず持っていくものは？

お財布、ケータイ、試合道具

13 幼い頃に憧れていた選手は？

プロレスに憧れてました。

14 コスチュームやポーズはどうやって生まれる？

自然とです。

15 今いちばん闘いたい選手は？

ダニエル・ブライアン

16 試合をしてみたかった伝説の選手は？

アンドレ・ザ・ジャイアント

17

ライバルは誰ですか？

人と比べないから……
わかりません。

18

CHAOSで好きな選手は？

みんな好きよ。

19

CHAOSメンバーと飲むことはある？

ありますよ。いちばん多いのは
YOSHI-HASHIです。

20

CHAOSメンバーを家族にたとえると？

お父さんは邪道さん、
お母さんが外道さん、
長男は矢野さん、
オレは腹違い。

21

YOSHI-HASHI選手の体が最近引き締まった
ような気がしますが、どう思いますか？

目の錯覚です。

22

これまででいちばん痛かった技は？

若手の頃に受けた
スコット・ノートンのチョップ

23

棚橋弘至選手との対戦で
いちばん印象的なのはどの試合？

ハイフライフローを
グーパンチで迎撃した……
両国国技館でやった試合です。

24

どうしてそんなにアーティステイックに、
カッコ良く楽しそうに、プロレスをしているの？

たった一度の
人生だから！

25

プロレスラーとしての職業病はありますか？

刺激を求めすぎる。

26

海外に行くと新日本プロレスの選手で
いちばん人気だそうですが、
それを受けてどう思いますか？

良かったって感じ。

27

リング上でいちばん恥ずかしかった経験は？

矢野通の投げた木《き》槌《づち》が
自分の頭に当たったとき。

28

黒いタイツと赤いタイツの
どっちを穿くか
どうやって決めますか？

順番です。

29

使わなくなったコスチュームはどうしてる？

全部保管してあります。
人にあげたりはしません。

30

コスチュームのこだわりは？

パターンとか切り返しで
デザイン性を出すように
しています。

31

若手時代にいちばん恐かった先輩は？

寮長の矢野通

32

プロレスの師匠は？

いろんな方

33

新しい技の開発予定はありますか？

急に生まれます。

34

いちばん期待している後輩は？

オカダかな。

35
自分の試合は見ますか？
見るときもあれば
見ないときもあります。

36
最近、いちばん美しいと感じたものは？
海

37
お気に入りのアパレルブランドは？
いろいろ

38
お気に入りの飲食店は？
コーヒーの
美味しいところ。

39
何フェチ？
いろいろ

40
好きなアーティストは？
絞れません。

41
肉体的・精神的にくじけそうになったときの回復方法は何ですか？
忘れること

42
レスラーの皆さんは食事量が
半端ないイメージですが、
中邑さんの食事量はどのくらいですか？
普通です。

43
夜寝る前に必ずすることは？
歯磨き

44
どんなクルマに乗っていますか？
窮屈なクルマは
好きじゃないです。

45
プロ野球はどこのファン？
野村克也さんが監督されてたときは
ちょっと気になってましたが、
あんまり見ません。

46
今、プライベートで行きたい国は？
北欧、アラスカ、
南米、南極

47
お気に入りの国は？
モロッコかな。

48
京都弁はいつ使いますか？
使いません。
実家では丹後弁です。

49
サーフィンを始めたきっかけは？
ブラジル人柔術家が
コパカバーナでやってるのを見て。

50
初恋はいつ？
幼稚園

51
好きな女性のタイプは？
いろいろですね。

52
苦手な女性のタイプは？
完璧主義者

53
女性がする好きな仕草は？
女性らしければ……
何でも。

54
今いちばんハマっていることは？
サーフィン

55
カラオケで必ず歌う曲は？
尾崎豊の
「ダンスホール」

56
お姉さんからは
何と呼ばれていますか？
真ちゃん

57
スマホカバーは？
落としても大丈夫なやつ

58
好きなお酒は？
赤ワイン

59
ファッションのこだわりは？
自分の中の
流行優先です。

60
美術部時代の代表作は？
アクリルで描いた
三十三間堂の絵。
たぶんモノはないと思います。

61
酔っ払うとどうなりますか？
寝ます。

62
試合のない日の服装は？
Tシャツ、短パン、草履

63
叶えたい夢は？
南の島で
暮らしたい。

64
ほかのスポーツでやってみたいものは？
スケボー。
前にやってたんですけど、
ちゃんと教わってみたいです。

65
着信音は？
設定は変えてません。

66
苦手な人のタイプは？

すぐに怒る人

67
苦手なものは？

カエル、うなぎ、
干し椎《しい》茸《たけ》を戻したヤツは
ちょっと……
生椎茸はOKです。

68
最近増えてきた
プロレス女子についてどう思う？

いいと思います。
人生を謳《おう》歌《か》してる
じゃないですか。

69
視力は？

両目とも
0.2くらい

70
握力は？

計ったこと
ありません。

71
肺活量は？

計ったことありません。
数値に興味がないので。

72
ヒゲは何㎜ですか？

3㎜

73
サーフボードはどのくらい
持っていますか？

5本

74
得意料理は？

アヒージョとか

75
好きなスナックのポイントは？

インテリアが
昭和なこと

76
京都の峰山に行ったら
ここに行くべきという
オススメの場所はどこですか？

日本海

77
体形維持のために気をつけていることは？

夜いっぱい食べたら
朝少ししか食べない。

78
メガネは持ってますか？

失《な》くしたまま作ってません。

79
海に入るのはどれくらいですか？

2時間くらい

80
今、プロレス以外にやってみたい格闘技は？

テコンドー

81
バスケ部時代のポジションは

ポイントガードと
センター

82
バスケ部経験者として
「SLAM DUNK」で
いちばん好きなキャラクターは？

三井 寿

83 クルマの運転は得意ですか？

過信はしてません。
好きです。

84 初めて買ったクルマは何ですか？

ポルシェ911カレラ

85 どうしてそんなに速く
サインが書けるのですか？

自分のリズムで
書いてるから。

86 コーヒーはどうやって
飲みますか？

ストレート。
朝イチはミルク
入れるかな。

87 好きなスイーツはありますか？

ピーナッツバター

88 コレクションしているものはありますか？

冷蔵庫につける
マグネット。

89 香水はつけますか？

今はつけません。

90 サイン会や握手会などのイベントで
ドキッとしたことは？

親戚の知り合いが
来たとき。

91 おふくろの味は？

へしこ

92 最大の失くしものは？

現金(笑)

93 Tシャツは何サイズ？

LかXL

94 女性は年上と年下では
どちらが好み？

どっちも

95 描いた絵はどこに
保管していますか？

自宅の物置

96 洋服はどこで買いますか？

ツアー中に地方で。

97 朝はパンですか？　ごはんですか？

ごはんが多いかな。

98 何歳まで現役を続けたいですか？

わからない。

99 30歳を過ぎて変わった部分ありますか？

これと言ってない。

100 好きな言葉は何ですか？

「自由」というものを
表現に落とし込む
ようにはしてます。

中邑真輔の1日

後楽園ホールで試合のある場合

4:00	起床 波情報をチェックして海でサーフィン
6:00	一旦帰宅して朝食
9:00	再び海でサーフィン 海でトレーニングも兼ねる
12:00	昼食
15:00	会場に向け自宅から出発〜クルマを運転
16:00	後楽園ホールに到着
16:30	ウォーミングアップ
17:30	控室で治療・テーピングなど 出番までは雑談をしたり 間食はしない派 試合コスチュームは試合の30分前には完了
20:30	試合
21:00	試合後はシャワーを浴びて後片付け
23:00	帰宅して家で夕食
24:00	就寝

生活はとにかく海が中心。サーフィンは元々、ロサンゼルスで始めたそうですが、今や時間を見つけてはトレーニングを兼ねて海で過ごします。また、オフの過ごし方に関してはあまり明かされませんが、基本的にはアウトドア派。海や山で過ごすことが多いようです。

巡業中に地方で試合のある場合

8:00 起床して朝食

9:00 タブレットでニュースをチェック

自由時間は散歩や観光、買い物など

外国人選手を連れて
ジムや観光に行くことも

※香川ではうどん屋めぐりをしたそうです

巡業では自由時間を使って、ふらりと出かけては買い物やその土地の観光を楽しんでいます。そして、何と言っても試合後は食事、スナックへ。お決まりのメンバーで昭和感漂うお店を探し、カラオケで昭和の歌謡曲を熱唱してはカウンターのママたちをうっとりさせるのです。

16:00 会場入り

16:30 トレーニングやウォーミングアップ

17:30 控室で治療・テーピング

20:30 試合

21:00 シャワーを浴びて後片付け

YOSHI-HASHI選手、
三沢威トレーナーと一緒に食事へ

地元のスナックを発掘することも

24:00 ホテルに戻り就寝

中邑真輔が選ぶ名勝負ベスト3

「印象深い試合はありすぎて選ぶのが難しい」
と語る中邑真輔ですが、
現時点でのフェイバリットを3つ挙げてもらいました。
知らない試合は探してチェック!!

VS 飯伏幸太

2015年1月4日@東京ドーム
IWGPインターコンチネンタル選手権試合
60分1本勝負

SHINSUKE's Voice

「僕と飯伏は抜け殻になってしまいましたね……この試合はちょっと超えられません。」

東京ドームに集まった大観衆の目を釘付けにした
あの一戦が真っ先に挙がってきた！ まさしく
ベストバウトを超えるベストバウト、
試合終盤の一進一退の攻防は、2人が作り上げたハードルを
軽々と超えていった感があります！
両雄ともに何かのスイッチが入ったような瞬間が
何度も見られました!!

こういう試合をセレクトするあたりが、やはり中邑真輔だ！
試合前から巻き起こった「ナカムラ」コールの中、未知の強豪と見せた
名勝負、3発すべてバージョン違いで放たれたボマイェは、
ニューヨークのファンの脳裏に深く刻まれました！
のちに伝説の一戦と呼ばれるに違いありません！

VS
ケビン・スティーン

2014年5月17日@ハマースタインボールルーム
時間無制限1本勝負

SHINSUKE's Voice

「スティーンは、今アメリカで、ケビン・オーエンズって名前でやってる選手ですね。場所もニューヨークだったというのも印象深いし、アメリカのスポーツ中継ならではのアウトラインがくっきり見える映像がよかったし。相手について前情報一切なしでしたけど、才能ある選手ですごく噛み合いました。」

VS
髙山善廣

2004年1月4日@東京ドーム
IWGPヘビー級選手権&NWFヘビー級選手権試合
60分1本勝負

SHINSUKE's Voice

「いい試合だったかどうかは別として、人間の限界値という意味で（笑）。ケガしてましたけど、この試合を休むということはプロレスを辞めるということなんでしょうね。髙山さんとは最初の対戦のときもカウンターでヒザ喰らってダウンしているときに、ああ、客を掌に乗せるってこういうことなのかって気づいた感覚がありました。」

思えば、この試合の4日前の試合で
顔面を骨折し、ケガを負ったまま
リングへ上がったわけであります！
ご覧下さい、覚悟を決めた男の顔！
この時点でまだ23歳、新日本プロレスを背負って
巨大な的に立ち向かう若者の姿に
胸を熱くしたファンも多かったに違いありません！

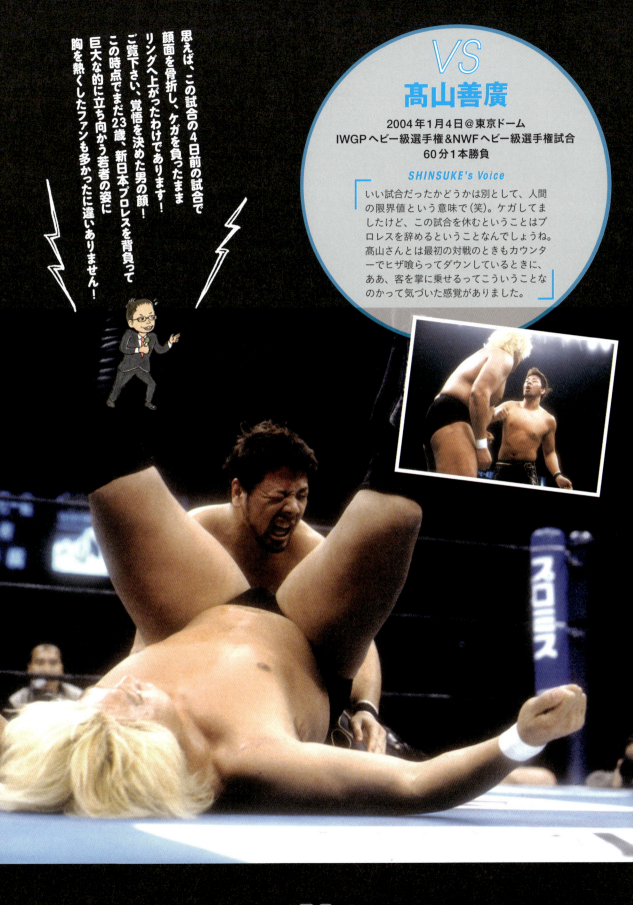

中邑真輔とCHAOSの仲間たち

中邑真輔が率いるCHAOSメンバーに、
リーダーに聞きたいこと＆言いたいことを教えてもらいました！

KAZUCHIKA OKADA

オカダ・カズチカ

海外遠征から帰国後にCHAOSに加入し、中邑選手と交流が生まれる。2人が並ぶとハンパないオーラが出る。
CHAOS歴：2012年1月より

中邑真輔のココがすごい！

入場がすごい！
ガウンが豪華でカッコイイですよね。

TORU YANO

Q

中邑真輔に聞いてみたいことは？

最近楽しいことあった？
今まででいちばん楽しかった海外はどこ？

A

海に行ってるときはいつも楽しいですよ。

いちばん楽しかったのはモロッコです。

矢野 通

中邑選手と一緒にCHAOSを結成した初期メンバー。レスリングの強さもお酒の強さも一級品で、中邑選手も一目置いている。
CHAOS歴：2009年4月より

TOMOHIRO ISHII

石井智弘

移動バスの座席は中邑選手の隣なので中邑選手の被写体になることが多い。その写真の数々は中邑選手のSNSで見ることができる。
CHAOS歴：2009年4月より

オレだけが知っている中邑真輔の事実

いつも絵柄のかわいい靴下を履いている！

YOSHI-HASHI

YOSHI-HASHI

巡業中の晩ごはん仲間。中邑選手のことを頼っていて試合コスチュームに関しても言われるままにアドバイスを採り入れている。
CHAOS歴：2012年1月より

中邑真輔のココがすごい！

坂口征二さんのモノマネがめちゃくちゃ上手い。

オレだけが知っている中邑真輔の事実

髪の毛は実は天然パーマ。

Q

中邑真輔に聞いてみたいことは？

プロレスラーになっていなかったら何をしてましたか？

A

旅人！

邪道

CHAOS結成時から中邑選手を支えるチームの司令塔。お酒が大好きでメンバーとの飲み会では率先して盛り上げる。
CHAOS歴：2009年4月より

中邑真輔のココがすごい！

中邑君の体幹の強さ。
どんなに体勢悪くても体幹強いから
押しても引いてもバランス崩れない
ところ。持って生まれたものですね。

Q

中邑真輔に聞いてみたいことは？

ももクロは好きですか？

A

まだ……
認識が
甘いです。

外道

邪道選手の義兄弟として行動を共にする。下戸にもかかわらず、酒豪揃いのCHAOSの飲み会にはウーロン茶で参加する。
CHAOS歴：2009年4月より

オレだけが知っている中邑真輔の事実

忘れ物がすごい！
巡業先でもケータイとか充電器とか
忘れて出発してしまうんだぜ！

Q

中邑真輔に聞いてみたいことは?

なぜ反るのか？
なぜ震えるのか？
そしてなぜ試合前、リング上で
意味のわからないことを
話しかけてくるのか!?
(コーナーでの震えにぼくも参加させてください)

脱力です。
リング上で
会話しているのは
桜庭さんを
リラックスさせようと
しているだけです。

A

桜庭和志

中邑選手がファン時代に憧れだった選手。かつては対戦していたが、現在はタッグを組むことも珍しくない。
CHAOS歴：そもそもCHAOS?

中邑真輔のココがすごい！

シンスケのすごいところは規格外の発想ができるところだ。
俺たちはみなレスリングを普通とは違う視点から見てるけど、
シンスケはアーティストでリングが奴のキャンバスなんだ。
奴は確固たる個性と技術とで技という絵筆をふるうのさ。
そして奴は常に生々しい純粋な感情を表現している。
それこそがストロング・スタイルの真のエッセンスなのさ。

オレだけが知っている中邑真輔の事実

シンスケは2006年に自分自身を作り変えるべく
LAの道場にいたが、レスリングを恋しく思っていたんだ。
毎週日曜に少人数の観客を前に5〜6試合を行う
道場のイベントがあったんだけど、「バンザイ」と名乗る
謎の日本人マスクマンが現れてレスリングを披露したんだ。
もしかして……ひょっとして正体はシンスケだったのか、
それともシンスケが友人を連れてきただけだったのか……。

ロッキー・ロメロ

LA道場時代からの仲間であり、大の仲良し。巡業中には一緒にカラオケを熱唱することもある。
CHAOS歴：2010年11月より

中邑真輔にお願いしたいことは？

ナカムラ選手に、
お願いしたいことがあります。
ロッキー・ロメロを
落ち着かせることです。
彼は、ときどき、エキサイトしすぎて、
私の言うことを
聞かなくなってしまいます。
そういうとき、
何とか、彼を抑えてください。

バレッタ

ロメロ選手とタッグチーム「RPG VICE」を結成するジュニアヘビー級の選手。中邑選手との付き合いはまださほど長くない。
CHAOS歴：2015年3月より

キャンパスライフを探る

青山学院大学時代の中邑真輔

青山学院大学出身の唯一のプロレスラー中邑真輔は、4年間いったいどんなキャンパスライフを送っていたのか？ 大学時代にファッションショーサークルで一緒に活動した同級生をキャッチして、体育会らしからぬエピソードが続出したレアインタビューです！

ミカさん

青山学院大学経営学部経営学科を卒業後は広告代理店に勤務。大学では中邑真輔も参加したサークル「Design Laboratory」のリーダーだった。現在は結婚して2児の母。

中邑真輔がミカさんにくれたイラスト。たまにサラサラッと描いてくれることがあったとか。落書きも上手すぎる！

今で言うところの“女子会男子”でした

——中邑選手とは青学の同級生なんですよね。

はい、中邑君とは同じ経営学部で中国語のクラスが同じでした。教室でプリントを渡すときに後ろを向いたら、2㎝くらいのちっちゃな絵を描いてて。「こんなにでっかい体で、なんでこんな小さな絵を描いてるんだろう？」って思ったのを覚えています。

——やっぱり教室の中でも大きかったんですね。

いや～、ズバぬけて大きかったですよ。誰も目を合わせられないくらいの威圧感というか……（笑）。私は初めて見たときは「巨神兵」みたいだと思いました。なのに、小さい絵を描いてて。私も落書きするの好きだったんで、この人とは喋《しゃべ》れるかもと思って「何描いてんの？」って言って話しかけました。

——何年生のときだったんですか？

1年生のときですね。中国語のクラスで毎週顔を合わせては、授業の前後で話をするようになりました。

——中邑選手、けっこう授業に出席してたんですね。

も～、すごい優秀でしたよ！ 中国語のテストは「中の中」くらいだったかもしれませんが、話をしていても、言葉の端々に頭の回転が速いなって感じは、その当時からありました。言うことひとつひとつ考えてるなって思いました。

——そこからやがて、友達になるわけですか？

私は中邑君とはクラスは違ったんですけど、中邑君と同じクラスの女の子と私がすごく仲良かったせいで、みんなで集まって食堂で昼ごはんを食べるようになったり、キャンパスの芝生の上に座ってお喋りするようになりました。中邑君は絵を描くのがほんとに好きで、よく紙にサラッと絵を描いてくれたりするんですよ。猫の絵をよく描いていたので、あだ名みたいな感じで私たちは「猫邑君」って呼んでました。漫画の『きょうの猫村さん』が流行る前に（笑）。

――猫村さんよりも早い猫邑君！　当時の会話で覚えてることあります？

他愛もない会話が多かったですよ。けっこう、ものまねが好きで、志村けんさんのものまねを誰も聞こえないくらいの小さい声から始めて……一人で言ってはクスクスって笑って、みんなに気づいてくれるのを待ってるっていう、そういうかわいい面がありました（笑）。自分ではツボみたいなことをボソボソ言って一人でウケてました。体が大きいのに声もそんなに大きくないし、美術部で油絵を描いていましたけど、描くのは小さい絵ばっかりだし……そのギャップが面白かったです。

――いわゆる〝ギャップ萌え〟ですね。体育会のレスリングの話はしませんでした？

うーん……レスリングの話はほとんど出ませんでした。中邑君はお姉さんがいるせいか、女の子の中に一人でいるのも平気みたいな感じで、今で言うところの〝女子会男子〟っていうか、私たち女の子のグループが放課後に青山キャンパス近くのファーストキッチンにみんなで集まる女子トークに普通に参加してましたし（笑）。

――本当ですか!?　でも、そんな中でレスリング部の試合を見に行ってみたいという思いはありませんでした？

あ、一回、（千葉県の）松戸の方へ行ったことあるんですよ。女の子たちだけで。レスリングって独特なユニフォームじゃないですか。彼はあれで胸を見られるのが恥ずかしいなあ～って言ってました（笑）。試合の結果は覚えてないんですけど。

大学のファッションショーサークルの集合写真。中邑真輔は最上段の右から4人目。

泥臭くない、オシャレな感じでした

――ファッションショーのサークルを立ち上げたのはいつになるんですか？

大学2年の春です。元々、私が写真部にいて写真を撮るのが好きで、服を作るのも好きだったんで、学園祭で発表の場が欲しくて。仲の良い女の子3人組で盛り上がって、そこに写真部繋《つな》がりで男子たちも加わって10人くらいで秋の学園祭を目指して立ち上げました。

――で、ショーのフライヤーを中邑選手に頼んだんですよね。

はい。彼自身は立ち上げのメンバーではなかったんですが、美術部に入っていることも聞いてましたし、フォトショップもできるし、チラシとかポスターとかを頼みやすかったんです。お願いしたら、チャチャチャッと作ってくれて。どんな印刷会社が良いかとか調べて、サークルのメンバーと一緒に入稿に行ってくれた気がします。体育会の色はまったく見せず文系な動きをしてました。

――へえー！　そこまでやってくれましたか!!

サークルの中は〝軟弱男子〟が多かったんですけど（笑）、中邑君はファッションショーの会場設営とか、重たいパネルを持ってくれたり。だから、フライヤーとステージ担当という裏方をやってくれましたね。彼自身は前面には出ないんですけど、サークルの運営についてすごく考えてくれていたところがあって、4年になって下級生が中心になってきたときに「お金をもらってやるファッションショーなのにこんなクオリティではダメじゃないか」とか、「このままだと飲み会サークルになっちゃうよ」とか、憂慮して熱く語ってくれたりもしました。みんなでロイヤルホストに集まって。

――なんだか、学生らしい話ですね(笑)。そういう中で言い争いになったりとかはなかったですか？

それは全然なかったです。みんなが真剣に話をしているときにはいきなり、ものまねしたりとか、「まあ、いいじゃん」みたいな空気にすることがありました。でも、それも彼なりの場のほぐし方だったんじゃないかなとは思います。サークルのTシャツとかも作ってくれて、それを学園祭のときにみんなで着たりもしました。

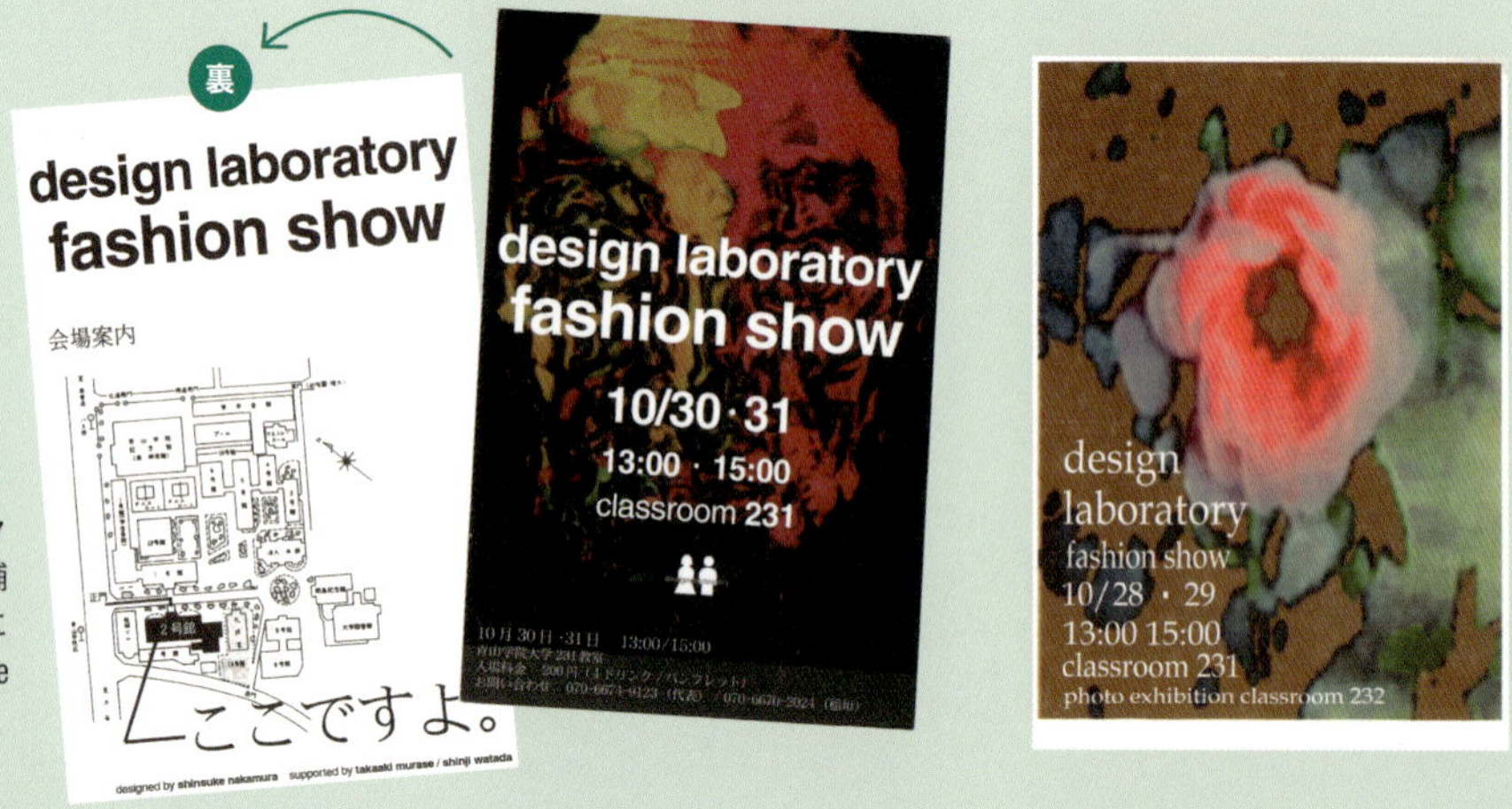

ファッションショーサークルのイベント用に中邑真輔が作ったフライヤー。裏にはdesigned by shinsuke nakamura」の文字が。

――でも、中邑選手はレスリング部にいながら、よくそんな時間ありましたね(笑)。

たぶん、レスリング部のスイッチのオンとオフを切り替えるのに、こっちがオフだったんじゃないですかね。サークルもイベントのときなどスポット、スポットで参加してくれてました。

――当時、服装はどんな感じだったんですか？

全然、泥臭いとか汗臭い感じがしないというか、オシャレでした。バイクにも乗ってましたし。

――じゃあ、モテたでしょ？

それが全然、モテてなくて……(笑)。ほんと、女子トークにも参加できる感じだったので、同性からも異性からも仲間として好かれるみたいな人でした。1年に1、2回くらい「自分にアプローチしてくるヤツがいる」とは言ってましたけど(笑)。

――いや～、ほんと器用な人ですね。

はい、ほんと器用ですね。体育会系だからなのか、後輩の面倒見がいいというか、後輩に話しかけてみんなと輪を作るのが得意でした。率先してムードメイクするわけじゃないんですけど、下の学年の子とコミュニケーション取って、人間関係を作るのも器用でした。レスリング関係の方に行ったり、こっちのメンバーとごはん食べたりという感じでした。

――そのサークルって今もあるんですか？

たぶん……今も続いているはずです。中邑選手がいたっていうのは都市伝説的には誰かが伝えているかもしれないですけど、知らない人は多いでしょうね。

自分の興味の赴くままに人と関わって今の中邑真輔ができあがったと思う

――中邑選手からプロレスラーになりたいという話は聞いてましたか？

あ、それは就職活動をする頃か

ら聞いてましたよ。私の友達から聞いた話ですけど、もし、プロレスの入門テストに受からなければ、アメリカとかに武者修行に行こうかと考えてたらしいです。

―へぇ～、それは初耳ですよ！

友達は中邑君から「オレ、新日に就職決まったよ」って聞いて。「しんにち」って言うから「新日鉄？」かと思ったらしいですけど(笑)。でも、「新日本プロレス」と聞いて、ああ、本当に行ったんだと。入門したあとで新日本プロレスの名刺をもらいましたよ。

―試合は見に行かれたことは？

デビュー戦はみんなで行きましたよ。リングの上では輝いて見えました。「ナカムラー！」とか「ナカムラくん！」「猫邑君！」って、ずっと叫んでました。デビューして3、4年は新年にやる東京ドームにも行ってましたけど、ここ数年は近況はテレビで知る感じです。

大学近くのロイホで集っていた仲間のために中邑真輔が作ったシール。

学生時代の中邑真輔。指先のポーズに今の片りんが。

―デビューしてからプロレスの話をしたことはあります？

今の髪型になる前、いろいろ変遷があったじゃないですか。「迷ってるね」「そうそう」みたいなやりとりはしました。こうした方がいいとは言わなかったですけど、似合ってるかどうかは言いました。

―同級生から見て、中邑真輔ってどんな人でしょう？

女子トークのできる女子仲間って感じです(笑)。でも、いろんな意味でのギャップを持ってるところが魅力的なのかな、って気はしますね。文化系と体育会系を繋ぐ作業をスイスイとこなしてしまう人だなと思いますし、私の人生にもいい影響を与えてくれたと思っています。人脈も広いのも、彼の中ではジャンルとかも分け隔てないし、損得勘定ではなく、自分の興味が赴くままにいっぱいいろんな人と関わってきて、それが今の彼を作っているように思います。サークルに参加してくれたのも彼の琴線に触れるところがあったんでしょうね。

―では、プロレスラーとしての中邑真輔はどう映ります？

相手の顔を踏んづけて震える動き、あるじゃないですか。ああいうのも突き抜けてる感じありますよね。憑依《ひょうい》しているというか。言ってることが筋が通ってますよね。「いちばんスゲエのはプロレスなんだよ!!」とか、マイクパフォーマンスもちょっと文学的なものを感じたりしますね。文字に書き起こしてもきちんと読める言葉だと思います。

―今、女性人気もすごいですよね。

人気なんですか(笑)。でも、たまに男性の仕事仲間から「今、プロレス熱いですよね」って言われて中邑選手のことが話題に出ることがあって。(大学の同級生だと)言うとめちゃくちゃびっくりされますね、私は完全に文系ですし。もう今は「あの子がこんなになって……」っていう親御さんのような気持ちというか、「ウチの中邑をよろしくお願いします」という感じです(笑)。

メキシコ

①メキシコシティ

●アレナ・メヒコ

収容人数1万5千人以上というメキシコで最も大きな会場。2005年、2011年、2013年と遠征し、その都度、大きな転機となっています。

イギリス

②ロンドン

●ヨーク・ホール

2014年に初遠征。この会場近くのオーガニックカフェで大好きなコーヒーを飲むのがリラックスタイム。2015年には石井智宏選手と一緒に遠征で訪れています。

オーストラリア

③アデレード

●スター・シアター・ヒルトン

2014年に単独遠征して2試合に出場。

ブラジル

④マナウス

●マナウス・アリアウタワーホテル

2003年に遠征。格闘技の試合に出場しました。

⑤リオ・デ・ジャネイロ

●ヒカルド・デラヒーバ道場

柔術の道場で練習をしました。

イタリア

⑥ミラノ

●マツダパレス

⑦シチリア

●カターニャ市体育館

2005年に新日本プロレスの遠征に参加。シチリアとミラノで試合をしたのち、ツアーで観光をしたそうです。当時、洋服にウン十万と使ったことについては「若かった……」と遠い目で振り返ります。

カナダ

⑧トロント

●テッド・リーブ・アリーナ

2014年と2015年に新日本プロレスの遠征に参加。

北朝鮮

⑨ピョンヤン

●踵拳道殿堂

2004年に遠征に参加。お土産に力道山のラベルが付いたどんぐり焼酎を購入したところ、バッグの中で中味が漏れるというアクシデントも!

こんなにデカくないと
思うけどね

パラオ

⑩アサヒスタジアム

●アサヒスタジアム

2004年に遠征し、獣神サンダー・ライガー選手との初対決が実現しました。大学時代にもレスリングの指導で行ったことがあり、当時の教え子たちが観戦に来たというエピソードもあります。

中邑真輔思い出の地

中邑真輔が足跡を残してきたスポットを一挙にご紹介します。
そのあとを追いかける「聖地巡礼」はもちろんのこと、
刺激を求めている人にとっては参考になるはず!

「戦士像」らしい
でかい!!

▶GOURMET 中邑真輔のオススメグルメ

屋台のハンバーガー メキシコ

ここでしか味わえないもので、時々恋しくなる味。

シュラスコ ブラジル

鉄串に牛肉や豚肉、鶏肉を刺して焼いた名物料理。

マテ茶

ブラジルのお茶。道を歩いているだけで売りに来るそうです。

アイスコーヒー オーストラリア

アデレードの名物として知られているコーヒー牛乳。現地ではコカ・コーラよりもよく飲まれているそうです。

カタラーナ イタリア

カスタードの上にカラメルが乗ったカタルーニャ地方のお菓子。とても甘いのでスイーツ好きにはオススメ。エスプレッソもセットで!

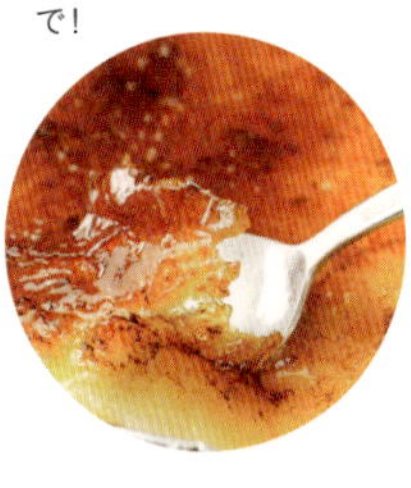

▶SPOT 中邑真輔のオススメスポット

カバーー!
イヤアオッ!

アデレード動物園 オーストラリア

カンガルーをはじめ1800種類もの動物が見られます。

ロッキーステップ アメリカ

大好きな映画『ロッキー』の中で主人公がトレーニングする場所で、2014年に遠征で最初に訪れたときは大感激だったとか。その他、ロッキーの家などゆかりの地も完全制覇しました!

国立人類学博物館 メキシコ

じっくり見るには丸1日かけても足りないほどの展示物の多さ。テオティワカン、アステカ、マヤといった古代文明にまつわるモノがたくさんあります。

ストーンヘンジ イギリス

未だに謎の多い遺跡。2015年にイギリス遠征の際、石井智宏選手と一緒に電車とバスを乗り継いで訪れました。『月刊ムー』の読者だった中邑選手はひとりで感激!!

セドナ アメリカ

世界中から観光客が訪れるほど有名なパワースポット。中邑選手が訪れたときは雪だったとか。

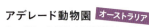

アメリカ

⑪ ロサンゼルス

●新日本プロレスLA道場

デビュー直後の2002年から2003年にかけて練習しました。アントニオ猪木さんから指導を受け、ロッキー・ロメロやカール・アンダーソンたちとも出会いました。レスラーとしての人格形成に大きな影響を及ぼした重要な場所。

●rAw

格闘技の練習を積んだジム。エル・セグンドにあります。

⑫ シアトル

●AMCパンクレイション

総合格闘技の練習を積んだジム。

⑬ テキサス

●レンジャースタジアム

2012年にメジャーリーグの始球式に参加。

⑭ ラスベガス

大学時代にレスリングの大会に出場。

⑮ フロリダ

●オーランド・ユニバーサルスタジオ

2008年の遠征で2試合を経験しました。

⑯ ニューヨーク

●ハマースタイン・ボールルーム

2014年に遠征。試合前から「ナカムラ」コールが巻き起こったそうです。

⑰ フィラデルフィア

●2300アリーナ

2014年と2015年に新日本プロレスの遠征で参加。タッグパートナーのオカダ・カズチカ選手から「もう中邑さんとは組みたくない」と言わしめるほどの大歓声を浴びました。

台湾

⑱ タイペイ

●台湾大学総合体育館

2014年に遠征。メインイベントで勝利した後は中国語で自己紹介して大歓声を浴びました。

●桃園国際野球場

コスチューム姿でオカダ・カズチカ選手と一緒にプロ野球の始球式も経験しました。

⑲ シンガポール

●エキスポホール

2015年に新日本プロレスの遠征に参加。ここでもダントツ人気!!

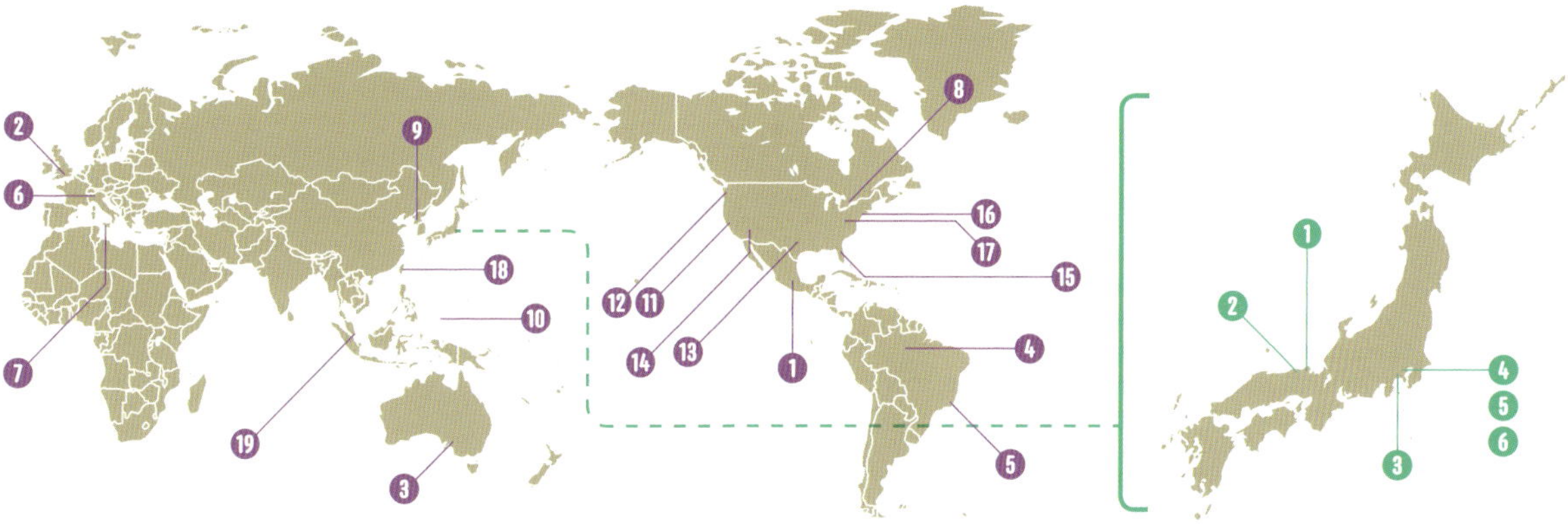

① 峰山（京丹後）

生まれてから高校卒業まで過ごした故郷。現在は京丹後市。お土産は丹後ちりめんが定番です。

GOURMET

へしこ

峰山名産・鯖《さば》のぬか漬け。おにぎりやお茶漬けもあって日本酒にも合います。

② 豊岡

●豊岡市立総合体育館

初めてプロレスを生観戦した土地であり、買い物に出かけることも多かったそうです。峰山からは急行で40分ほど。

③ 厚木

●青山学院大学厚木キャンパス

大学1、2年生で通ったキャンパスのあった街で、小田急線愛甲石田駅からバスで通ったとか。現在は取り壊され、跡地には日産先進技術開発センターが建っています。

④ 旗の台

大学4年間を過ごしたレスリング部の合宿所があった場所。大学時代はここからキャンパスに通いました。

⑤ 渋谷

●青山学院大学青山キャンパス

大学の主に3、4年生で通ったキャンパスのある街。レスリング部の練習場があったので、よく通ったそうです。放課後は学校近くのファーストキッチンやロイヤルホストが友達とのたまり場でした。

⑥ 茗荷谷

●拓殖大学

大学時代に出稽古に通う。放課後は電車で移動して練習に打ち込みました。

中邑真輔が語るフェイバリット・カルチャー

文科系の世界と体育会の世界を自在に行ったり来たりできる中邑真輔の好みのカルチャーは何なのか？
“文系男子”の基本とも言うべき、「映画」「漫画」「音楽」についてフェイバリットを紹介してもらいました。

映画

『ブラック・レイン』

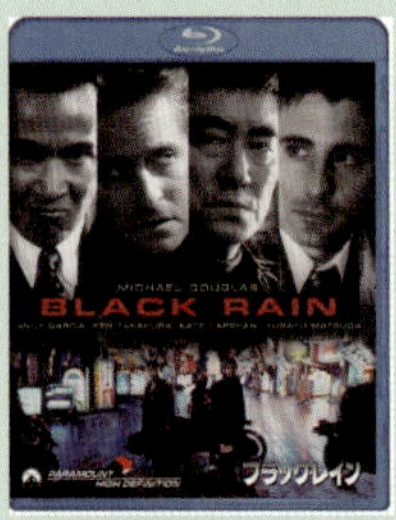

「マイケル・ダグラス、アンディ・ガルシア、高倉健に松田優作……俳優がいいですよね。この作品の松田優作はいちばん好きです。見ている側をドキッとさせるというか。」

(Blu-ray Disc／'89年／アメリカ／125分／販売元：パラマウント ホーム エンタテインメント ジャパン)

『ベスト・キッド』

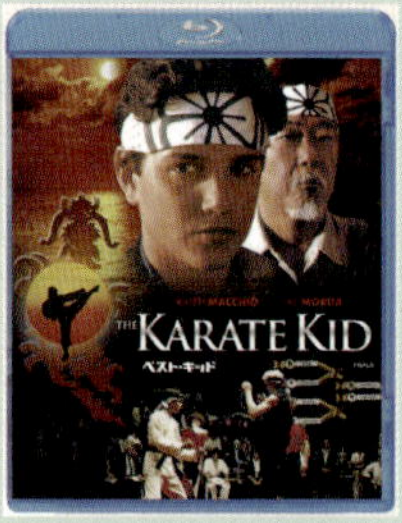

「90年代初頭の若者のカルチャーが垣間見える映画ですよね。主人公のダニエルさんって格闘家の視点から見るとバランスも不安定で空手も下手クソなんですけど、悪者となる空手家の腕がいいんですよ。だから敵に注目ですね。」

(Blu-ray Disc／'84年／アメリカ／127分／販売元：ソニー・ピクチャーズ エンタテインメント)

『ロッキー・ザ・ファイナル』

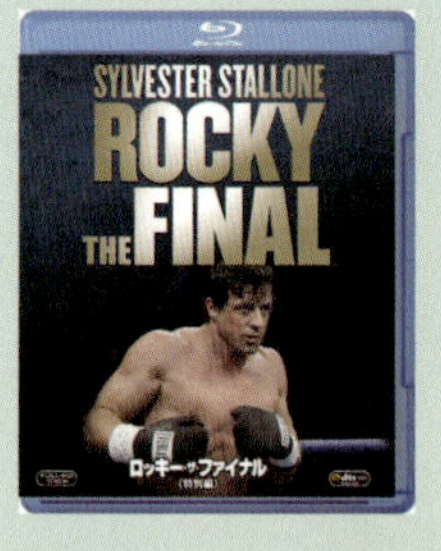

「ビジュアルもそうだし、マイノリティが成り上がっていくところまで全部いいですよね。いちばん好きな作品は物語が完結する『ロッキー・ザ・ファイナル』かな。登場人物では『ロッキー3』のアポロ・クリードが好きです。」

(Blu-ray Disc特別編／'06年／アメリカ／102分／販売元：20世紀フォックス・ホーム・エンターテイメント・ジャパン)

音楽

「HIGH KICKS」 ザ・ブルーハーツ

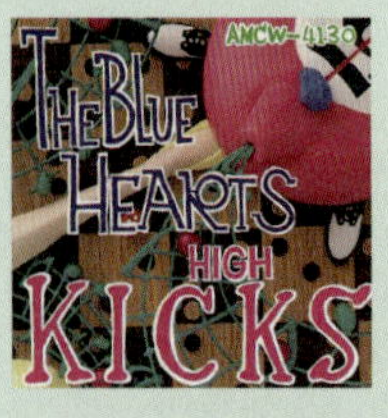

「小学校6年のとき、人生で初めて行ったライブが峰山の文化会館で見たブルーハーツでした。音の大きさにビビりましたし、お客さんの中にも『この街の人間じゃないな』っていう人がいっぱいいました。」

(ワーナーミュージック・ジャパン)

「FORTY LICKS」 ザ・ローリング・ストーンズ

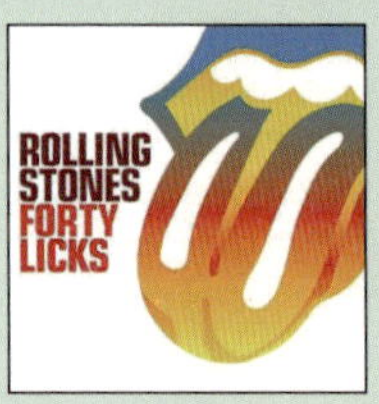

「最初に買った洋楽はローリングストーンズです。でも、小学生だったし、今も詳しいわけじゃないですけど……見た目のかっこよさが魅力かな。『ジャンピング・ジャック・フラッシュ』が好きですね。」

(EMIミュージック・ジャパン)

「十七歳の地図」 尾崎 豊

「友達の影響で高校時代によく聴きました。大学に入って青山キャンパスの近くにある尾崎豊記念碑も見に行きましたよ。歌詞に出てくる『焼け付くような夕陽』じゃないし『ここでいいのか？』って感じでしたけど(笑)。」

(SMR)

漫画

『1・2の三四郎』

「自分がプロレス生活をしていて、カブる部分があります。田口隆祐はオコノミマンキャラだなとか、長尾浩志は鳴海頁二っぽいなとか(笑)。」

(小林まこと著／講談社)

『柔道部物語』

「自分はレスリング部でしたけど、全国大会の雰囲気とかすっごく描写できてて、共感できますね。強豪校で友達いないヤツとかいたなあ」

(小林まこと著／講談社)

『ホーリーランド』

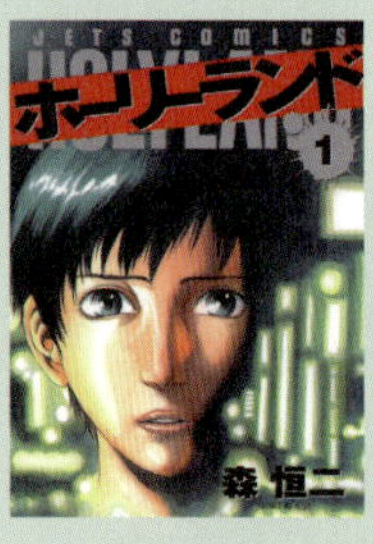

「いじめられっ子がボクシングのワンツー覚えてそこからヤンキーを倒していくっていう漫画です。相手もいろんな格闘家が出てきて、理に適った解説をしているから面白いですね。」

(森恒二著／白泉社)

中邑真輔アートの世界

美術展にも出品するほどの腕前を持つ中邑真輔が描く作品をご紹介！
中邑真輔が放つバイブレーション攻撃で感性のツボを
グリグリと刺激されてください。イヤァオ！

「EAT」（アクリル）

いわゆる「動物と文字」シリーズの中でも中邑選手本人もお気に入りの作品。実家で猫を飼っていたせいか、猫を題材にすることも多い。

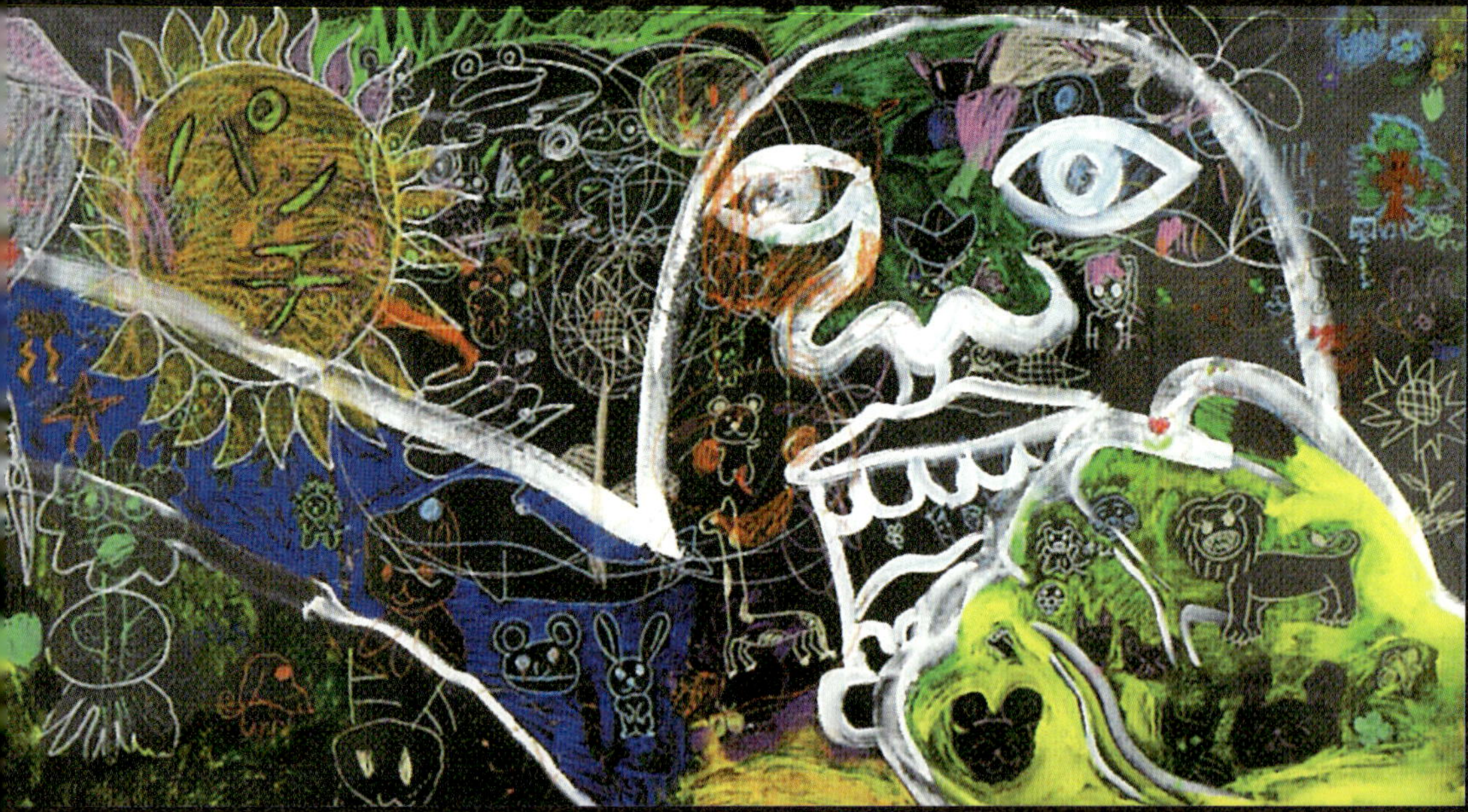

「みんなのパンチ」（黒板アート）

黒板アートの第一弾で、母校である峰山小学校の生徒たちと一緒に制作した。キャンバスに黒板を貼って80人の生徒がチョーク、マジック、色鉛筆、クレヨンなどを使って思い思いに描いている。

「みんなのパンチ2012」（黒板アート）

保育園児たちと一緒に制作。じっとしていない子供たちをコントロールするのがたいへんだったとか。左側に見える「ALKI」とは、文字を覚えたばかりの子供たちによるもの。

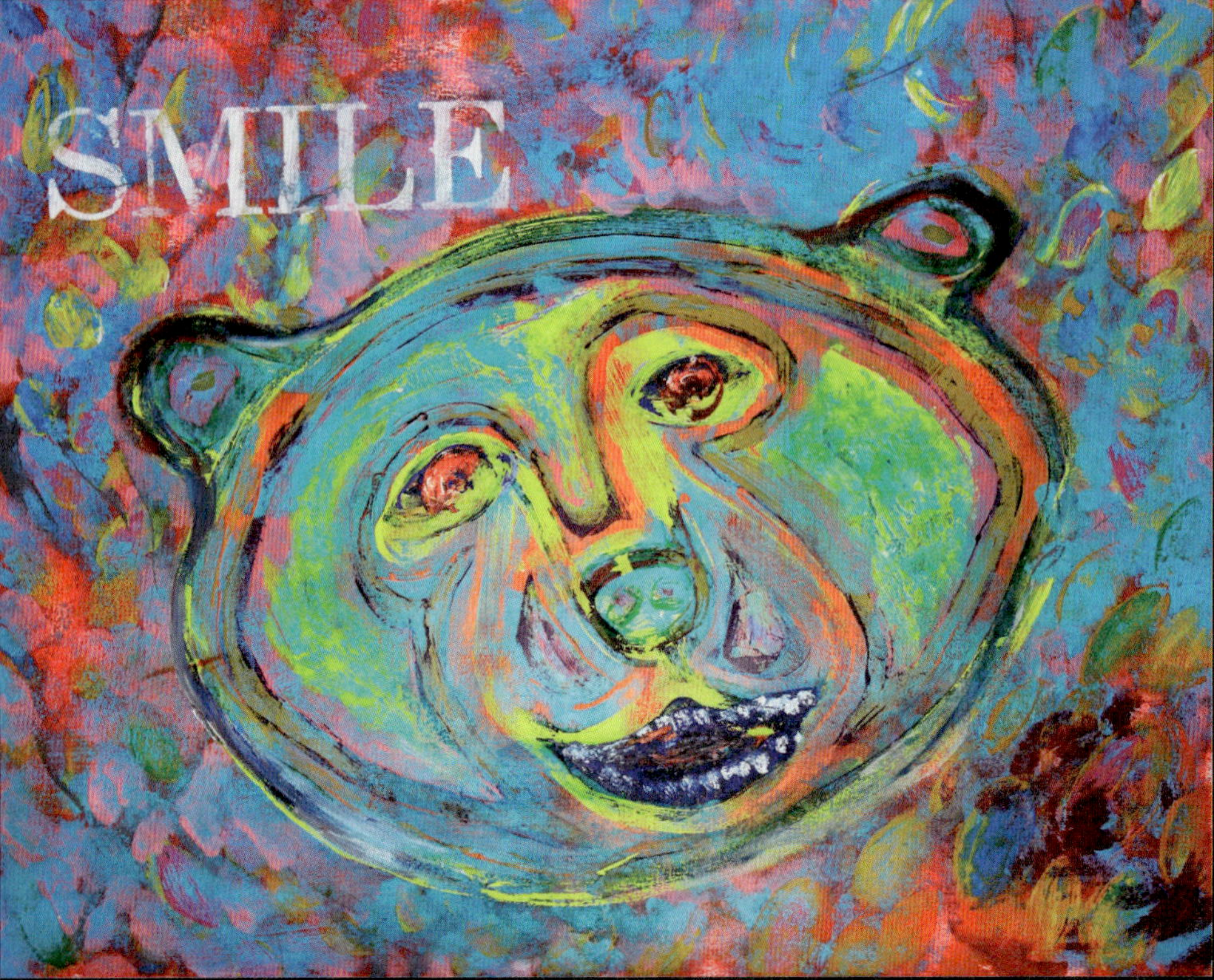

「SMILE」（アクリル）

「かわいいものが描きたかったんですけど、意外に目はギラついてますね」とは本人評。2013年の「文化人・芸能人の多才な美術展」に出品した作品。

「FLY」（アクリル）

2011年の東日本大震災後に描かれた作品。飛び立とうとする鳥は「変化し

おわりに

中邑真輔は「やわらかさ」ナンバーワンのプロレスラーです。来る波によってバランスを取るサーフィンと同様、対戦相手にキッチリと対応していつも面白い試合を見せてくれるという意味です。

プロレスラーに限らず、我々の日常も同じですよね。自分の芯《しん》は持ちつつ、やってくる波に合わせて臨機応変に対応できる人ってやっぱり素敵です。実は「やわらかさ」こそが最強だと思うのです。

さて、新日本プロレスが海外からも注目されるようになった今、中邑真輔の人気は世界中で高まっています。世界の海がつながっているように、これからの彼は国境も自在に飛び越えて活躍しそうです。

では、最後は中邑選手にペンをお渡ししますので、自由に締めくくっていただきましょう。

中邑真輔からのメッセージ

Free Space

選手からサインをもらったりメモスペースとしてお使いください。